五年制高职专用教材

财务会计类专业精品课程规划教材

会计基本技能实训

（第二版）

● 主编　朱群新

苏州大学出版社
Soochow University Press

图书在版编目(CIP)数据

会计基本技能实训/朱群新主编. — 2版. —苏州：苏州大学出版社,2018.8(2024.8 重印)
五年制高等职业教育会计类专业精品课程系列教材
江苏联合职业技术学院院本教材　经学院教材审定委员会审定通过
ISBN 978-7-5672-2453-7

Ⅰ.①会… Ⅱ.①朱… Ⅲ.①会计学－高等职业教育－教材 Ⅳ.①F230

中国版本图书馆 CIP 数据核字(2018)第 171838 号

会计基本技能实训(第二版)
朱群新　主编
责任编辑　薛华强

苏州大学出版社出版发行
(地址：苏州市十梓街1号　邮编：215006)
丹阳兴华印务有限公司印装
(地址：丹阳市胡桥镇　邮编：212313)

开本 787 mm×1 092 mm　1/16　印张 12　字数 298 千
2018 年 8 月第 2 版　2024 年 8 月第 8 次印刷
ISBN 978-7-5672-2453-7　定价：42.00 元

苏州大学版图书若有印装错误,本社负责调换
苏州大学出版社营销部　电话：0512－67481020
苏州大学出版社网址　http://www.sudapress.com
苏州大学出版社邮箱　sdcbs@suda.edu.cn

江苏联合职业技术学院院本教材出版说明

　　江苏联合职业技术学院自成立以来,坚持以服务经济社会发展为宗旨、以促进就业为导向的职业教育办学方针,紧紧围绕江苏经济社会发展对高素质技术技能型人才的迫切需要,充分发挥"小学院、大学校"办学管理体制创新优势,依托学院教学指导委员会和专业协作委员会,积极推进校企合作、产教融合,积极探索五年制高职教育教学规律和高素质技术技能型人才成长规律,培养了一大批能够适应地方经济社会发展需要的高素质技术技能型人才,形成了颇具江苏特色的五年制高职教育人才培养模式,实现了五年制高职教育规模、结构、质量和效益的协调发展,为构建江苏现代职业教育体系、推进职业教育现代化做出了重要贡献。

　　面对新时代中国特色社会主义建设的宏伟蓝图,我国社会主要矛盾已经转化为人民日益增长的美好生活需要和不平衡不充分的发展之间的矛盾,这就需要我们有更高水平、更高质量、更高效益的发展,实现更加平衡、更加充分的发展,才能全面建成社会主义现代化强国。五年制高职教育的发展必须服从服务于国家发展战略,以不断满足人们对美好生活需要为追求目标,全面贯彻党的教育方针,全面深化教育改革,全面实施素质教育,全面落实立德树人根本任务,充分发挥五年制高职贯通培养的学制优势,建立和完善五年制高职教育课程体系,健全德能并修、工学结合的育人机制,着力培养学生的工匠精神、职业道德、职业技能和就业创业能力,创新教育教学方法和人才培养模式,完善人才培养质量监控评价制度,不断提升人才培养质量和水平,努力办好人民满意的五年制高职教育,为决胜全面建成小康社会、实现中华民族伟大复兴的中国梦贡献力量。

　　教材建设是人才培养工作的重要载体,也是深化教育教学改革、提高教学质量的重要基础。目前,五年制高职教育教材建设规划性不足、系统性不强、特色不明显等问题一直制约着内涵发展、创新发展和特色发展的空间。为切实加强学院教材建设与规范管理,不断提高学院教材建设与使用的专业化、规范化和科学化水平,学院成立了教材建设与管理工作领导小组和教材审定委员会,统筹领导、科学规划学院教材建设与管理工作。制定了《江苏联合职业技术学院教材建设与使用管理办法》和《关于院本教材开发若干问题的意见》,完善了教材建设与管理的规章制度;每年滚动修订《五年制高等职业教育教材征订目录》,统一组织五年制高职教育教材的征订、采购和配送;编制了学院"十三五"院本教材建设规划,组织18个专业协作委员会和公共基础课程协作委员会推进院本教材开发,建立了一支院本教材开发、编写、审定队伍;创建了江苏五年制高职教育教材研发基地,与江苏凤凰职业教育图书有限公司、苏州大学出版社、北京理工大学出版社、南京大学出版社、上海交通大学出版社等签订了战略合作协议,协同开发独具五年制高职教育特色的院本教材。

今后一个时期,学院在推动教材建设和规范管理工作的基础上,紧密结合五年制高职教育发展新形势,主动适应江苏地方社会经济发展和五年制高职教育改革创新的需要,以学院18个专业协作委员会和公共基础课程协作委员会为开发团队,以江苏五年制高职教育教材研发基地为开发平台,组织具有先进教学思想和较高学术造诣的骨干教师,依照学院院本教材建设规划,重点编写出版约600本有特色、能体现五年制高职教育教学改革成果的院本教材,努力形成具有江苏五年制高职教育特色的院本教材体系。同时,加强教材建设质量管理,树立精品意识,制定五年制高职教育教材评价标准,建立教材质量评价指标体系,开展教材评价评估工作,设立教材质量档案,加强教材质量跟踪,确保院本教材的先进性、科学性、人文性、适用性和特色性建设。学院教材审定委员会组织各专业协作委员会做好对各专业课程(含技能课程、实训课程、专业选修课程等)教材进行出版前的审定工作。

本套院本教材较好地吸收了江苏五年制高职教育最新理论和实践研究成果,符合五年制高职教育人才培养目标定位要求。教材内容深入浅出,难易适中,突出"五年贯通培养、系统设计"专业实践技能经验积累培养,重视启发学生思维和培养学生运用知识的能力。教材条理清楚,层次分明,结构严谨,图表美观,文字规范,是一套专门针对五年制高职教育人才培养的教材。

学院教材建设与管理工作领导小组
学院教材审定委员会
2017 年 11 月

序言

根据《江苏联合职业技术学院教材建设与使用管理办法》(苏联院〔2015〕11号)和《关于院本教材开发若干问题的意见》(苏联院研〔2016〕12号)精神,学院财务会计专业协作委员会于2017年对已开发出版使用的会计类专业院本教材的使用情况开展调研,组织有关专家和院本教材主编对教材的先进性、科学性、特色性、实用性进行再次论证和研讨,在此基础上,对现有院本教材进行整体修订、改版。本次修订的重点主要在以下几个方面:

一是适应"互联网+"背景下的职业教育课程信息化建设要求,推进课程信息化教学资源的建设。与苏州大学出版社合作,为本套教材开发了信息化教学资源支持系统,针对教材内容开发相应的信息化教学资源库,增强教材内容呈现的多样性,使教材的使用尽可能突破平面性教学,具有空间性、展示性、仿真性、愉悦性、时效性。

二是适应我国财税政策和会计制度的最新变革,加强教材的先进性、科学性建设。针对我国会计从业资格证取消,财政、税收、金融等相关制度变化,对教材内容进行了调整、修改、充实。改变教材内容编写思路,着重体现专业知识的基础性,对部分政策性变化较大、变化频率较快的教学内容,通过检索链接方式呈现,在培养学生专业基础知识、专业基本能力和专业素质的基础上,加强检索专业信息能力的培养。

三是体现五年制高职会计类专业课程建设实践成果,突出教材的基础性、特色性建设。江苏五年制高职课程改革和建设的实践取得了显著成效,形成了很好的课程改革和建设实践案例。院本教材在使用中也得到了很好的检验。本次教材修订吸收了江苏五年制高职会计类专业建设实践中的最新理论和方法成果,在教材内容编排上,更加注重深入浅出、理论联系实际,使理论阐述与实际工作一致。突出"五年贯通培养、系统设计",特别注重会计专业实践技能积累性训练和职业精神的培养,重视启发学生思维和培养学生运用知识的能力。

修订后的本套教材和所属课程信息化教学资源符合教育部门对高职高专教育教学要求,深度适中,实际材料丰富,便于教学。教材更加注重对新时代会计专业创新性、应用性、发展性技术技能型人才综合素质的培养,基本理论和概念正确,在知识体系构建上有创新、有探索,理论与实践结合得比较紧密,内在逻辑关系清楚,编排合理,层次分明,结构严谨,文字规范,图表美观正确。

本套教材和所属课程信息化教学资源,主要适用于五年制高等职业教育会计类专业的课程教学,也适用于三年制高等职业教育、中等职业教育的财经类专业课程教学,还可以用于会计从业人员的学习、培训。

江苏联合职业技术学院财务会计专业协作委员会
2018 年 6 月

第二版前言

本书是为适应五年制高等职业教育会计类专业课程改革和会计基本技能实训精品课程建设,在会计专业人才培养方案和会计基本技能实训课程标准的基础上开发编写的精品课程教材。本书在编写过程中,力求以能力为本位,坚持理论与实践一体化的原则,以知识和技能训练的融合为切入点,以技能训练为核心,以构建课程知识体系和能力训练体系为主线,体现时代性和动态性,达到以学生为主体,教材内容体系有创新,突出职教特色,方法灵活多样,具有趣味性和实践性,适应高职财经专业技能教学的开发目标。

本书按照高职会计类专业人才培养方案的要求,结合当前教育行政部门组织的财会专业技能大赛方案,吸收全国会计基本技能教学科研的成果,结合专业技能教师的实际教学经验编写而成。本书以会计基本技能的基本知识、基本方法为重点,突出其实用性和操作性的特点,特别强调技能操作的规范性和技能训练的渐进性。编写上以文图配合呈现的方式,使教学内容更直观、形象;对技术要求特别高,要点把握相对困难的内容,配上适当的微课视频,可以极大地提高教师课堂教学的效果,提高学生的技能水平。

本教材由江苏联合职业技术学院无锡立信分院的朱群新担任主编,并重点对教材项目四做了修订,同时在项目三"点钞与验钞"中增加了"实训6　现金盘点"的内容,由无锡旅游商贸高等职业技术学校段震鸣老师编写。本次修订主要增加了微课视频资源,以后还会不断充实丰富教学资源。在修订过程中,参考了一些同行的技能教学成果和教材,在此一并表示衷心感谢。

编　者
2018 年 3 月

前 言

本书是为适应五年制高等职业教育会计类专业课程改革和精品课程建设，在会计专业人才培养方案和会计基本技能实训课程标准的基础上，由江苏联合职业技术学院会计专业协作委员会开发编写的精品课程教材。本书力求以能力为本位，坚持理论与实践一体化的原则，以知识和技能实训融合为切入点，以能力训练为核心，以构建知识体系和能力训练体系为主线，以学生为主体，紧跟我国会计制度的发展，体现可读性和时代性；教材内容体系有所创新，突出职教特色，强调技能训练；实训方法灵活多样，具有趣味性和实践性；各技能项目按照循序渐进的方式组合，具有较强的适用性；图文并茂的文本格式，更直观、形象，适应高职财经专业技能教学的需要。

本教材共分六大项目 21 个实训。课程标准由江苏省无锡立信职教中心校朱群新拟定，并经江苏联合职业技术学院审定通过，同时由朱群新提出编写思路，设计教材编写方案，组织教材论证、编写工作，总纂定稿。项目一由南京市财经学校戴颖、李婉春编写；项目二由无锡立信职教中心校朱群新、张盛，徐州经贸分院郑燕燕，泰州机电分院陈金梅，常州旅游商贸分院蒋似春编写；项目三由镇江机电分院陈秀琴、马殷春，无锡立信职教中心校曹雪梅，徐州生物工程分院陈拓霖，徐州财经分院程艳萍、刘慧敏编写；项目四由苏州旅游财经分院陈一阳、华佳编写；项目五由无锡旅游商贸分院周美虹编写；项目六由扬州高等职业技术学校俞炜编写。

本书是在江苏联合职业技术学院马能和院长、金友鹏副院长的关心、支持和精心指导下立项编写的。在编写过程中，我们参阅了大量资料，并吸收了一些同行的成果，同时也得到了无锡立信职教中心校领导及兄弟院校的大力支持，在此向他们表示衷心感谢；徐州财经分院的郑在柏、黄蕙副教授和常州旅游商贸分院的彭才根副教授等为本书的编写提出了很好的修改意见，在此一并表示衷心感谢。

本书主要适合五年制高等职业教育财经类专业学生使用，也适合三年制高等职业教育、中等职业教育财经类专业学生使用，还可以作为会计岗位培训和相关人员的自学用书。由于作者水平有限，书中难免有疏漏和错误，望广大同人和读者不吝赐教，以便我们改进。

编　者

CONTENTS 目录

项目一　会计数字与文字的书写　　001
实训1　会计小写数字的书写　　001
实训2　会计文字的书写　　004
实训3　错字的订正　　009

项目二　珠算技术　　015
实训1　珠算技巧　　015
实训2　加减法　　023
实训3　乘法　　029
实训4　除法　　071
实训5　传票算与账表算　　092

项目三　点钞与验钞　　104
实训1　手持式点钞　　104
实训2　手按式点钞　　112
实训3　扇面点钞法　　114
实训4　机器点钞　　116
实训5　捆扎技术　　117
实训6　现金盘点　　118
实训7　人民币的鉴别　　124
实训8　外币的识别　　130

项目四　计算器和计算机数字小键盘录入　　142
　　实训1　计算器录入　　142
　　实训2　计算机数字小键盘录入　　150

项目五　电子收款机的操作　　155
　　实训1　电子收款机的操作　　155
　　实训2　电子收款机的日常维护　　164

项目六　票据与印鉴的管理　　169
　　实训1　票据的识别与保管　　169
　　实训2　印鉴保管和使用　　176

参考文献　　180

项目一

会计数字与文字的书写

实训目标

掌握会计大、小写数字的书写要求,做到书写规范、清晰和流畅。掌握正确的错字订正方法。

实训内容

会计应用中正确地书写阿拉伯数字;大写中文数字在会计凭证、账簿以及票据日期、金额等应用上的正确书写;不同情况下书写数字文字的改正方式。

实训用具

钢笔或水笔、配套练习题。

实训 1 会计小写数字的书写

阅读资料

阿拉伯数字并不是阿拉伯人发明创造的,而是发源于古印度,后来被阿拉伯人掌握、改进,并传到了西方,西方人便将这些数字称为阿拉伯数字。以后,以讹传讹,世界各地都认同了这个说法。

阿拉伯数字是古代印度人在生产和实践中逐步创造出来的。

在古代印度,进行城市建设时需要设计和规划,进行祭祀时需要计算日月星辰的运行,于是,数学计算就产生了。大约在公元前 3 000 年,印度河流域居民的数字就比较先进,而且采用了十进位的计算方法。

到公元前 3 世纪,印度出现了整套的数字,但在各地区的写法并不完全一致,其中最有代表性的是婆罗门式,这一组数字在当时是比较常用的。它的特点是从"1"到"9"每个数都有专字。现代数字就是由这一组数字演化而来的。在这一组数字中,还没有出现"0"(零)的符号。"0"这个数字是到了笈多王朝(公元320—550年)时期才出现的。在公元4世纪完成的数学著作《太阳手册》中,已使用"0"的符号,当时只是实心小圆点"·"。后来,小圆点演化成为小圆圈"0"。这样,一套从"1"到"0"的数字就趋于完善了。这是古代印度人民对世界文化的巨大贡献。

印度数字首先传到斯里兰卡、缅甸、柬埔寨等印度的近邻国家。

公元7到8世纪,地跨亚、非、欧三洲的阿拉伯帝国崛起。阿拉伯帝国在向四周扩张的同时,阿拉伯人也广泛汲取古代希腊、罗马、印度等国的先进文化,大量翻译这些国家的科学著作。公元771年,印度的一位旅行家毛卡经过长途跋涉,来到了阿拉伯帝国阿拔斯王朝首都巴格达。毛卡把随身携带的一部印度天文学著作《西德罕塔》献给了当时的哈里发(国王)曼苏尔。曼苏尔十分珍爱这部书,下令翻译家将它译为阿拉伯文。译本取名《信德欣德》。这部著作中应用了大量的印度数字。由此,印度数字便被阿拉伯人吸收和采纳。

此后,阿拉伯人逐渐放弃了他们原来作为计算符号的28个字母,而广泛采用印度数字,并且在实践中还对印度数字加以修改完善,使之更便于书写。

阿拉伯人掌握了印度数字后,很快又把它介绍给欧洲人。中世纪的欧洲人,在计数时使用的是冗长的罗马数字,十分不便。因此,简单而明了的印度数字一传到欧洲,就受到了欧洲人的欢迎。可是,开始时印度数字取代罗马数字,却遭到了基督教教会的强烈反对,因为这是来自"异教徒"的知识。但实践证明印度数字远远优于罗马数字。

1202年,意大利出版了一本重要的数学书籍《计算之书》,书中广泛使用了由阿拉伯人改进的印度数字,它标志着新数字在欧洲使用的开始。这本书共分十五章。在第一章开头就写道:"印度的九个数目字是'9、8、7、6、5、4、3、2、1',用这九个数字以及阿拉伯人叫作'零'的记号'0',任何数都可以表示出来。"

随着岁月的推移,到14世纪,中国印刷术传到欧洲,更加速了印度数字在欧洲的推广与应用。印度数字逐渐为全欧洲人所采用。

西方人接受了经阿拉伯传来的印度数字,但他们当时忽视了古代印度人,而只认为是阿拉伯人的功绩,因而称其为阿拉伯数字,这个错误的称呼一直流传至今。

小写数字(又称阿拉伯数字)书写的基本要求:

(1)每个数字要大小匀称,笔画流畅;每个数码独立有形,使人一目了然,不能连笔书写。

(2)书写排列有序且字体要自右上方向左下方倾斜地写(数字与底线通常成60度的倾斜)。

(3)书写的每个数字要贴紧底线,但上不可顶格。一般每个格内数字占1/2或2/3的位置,要为更正数字留有余地。

(4)会计数码书写时,应从左至右,笔画顺序是自上而下、先左后右,防止写倒笔字。

(5)同行的相邻数字之间要空出半个阿拉伯数字的位置,但也不可预留间隔(以不能增加数字为好)。

(6)除"4""5"以外的数字,必须一笔写成,不能人为地增加数字的笔画。

(7)"6"要比一般数字向右上方长出1/4,"7"和"9"要向左下方(过底线)长出1/4。

(8)对于易混淆且笔顺相近的数字,在书写时,尽可能地按标准字体书写,区分笔顺,避免混同,以防涂改。例如:"1"不可写得过短,要保持倾斜度,将格子占满,这样可防止改写为"4""6""7""9";书写"6"时要顶满格子,下圆要明显,以防止改写为"8";"7""9"的落笔可延伸到底线下面;"6""8""9""0"的圆必须封口。

在小写数字时,一定要注意分节号、小数点的书写。小数点、分节号是书写阿拉伯数字必不可少的组成部分,决不能错写和漏写。手写不可能像印刷字那样写得那么标准,尤其是小数点和分节号很容易混淆不清,为此,书写时一定要从书写方向上有所区别,那就是"向左分节,向右点点儿"。

例如 74,856,103.54 中的","为分节号,"."为小数点。

标准阿拉伯数字具体式样如下:1234567890。

实训练习

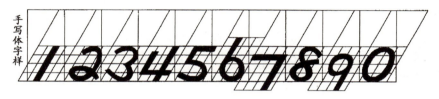

阿拉伯数字练习   班级:_____   姓名:_____   分数:_____

实训2 会计文字的书写

阅读资料

会计法关于文字的相关规定

根据我国《会计法》的相关规定,会计核算以人民币为记账本位币。业务收支以人民币以外的货币为主的单位,可以选定其中一种货币作为记账本位币,但是编制的财务会计报告应当折算为人民币。

会计记录的文字应当使用中文。在民族自治地方,会计记录可以同时使用当地通用的一种民族文字。在中华人民共和国境内的外商投资企业、外国企业和其他外国组织的会计记录可以同时使用一种外国文字。

一、会计工作中文字的书写要求

会计工作对书写的基本要求是:简明扼要,字体规范,字迹清晰,排列整齐,书写流利并且字迹美观。据财政部制定的会计基础工作规范的要求,填制会计凭证,字迹必须清晰、工整,并符合下列要求:

(1) 用文字对所发生的经济业务简明扼要地叙述清楚,文字不能超过各书写栏。书写会计科目时,要按照会计制度的有关规定写出全称,不能简化、缩写,并且子目、明细科目也要准确、规范。

(2) 书写字迹清晰、工整。书写文字时,可用正楷或行书,但不能用草书,要掌握每个字的重心,字体规范,文字大小应一致,汉字间适当留间距。

(3) 阿拉伯数字应一个一个地写,阿拉伯金额数字前应当书写货币币种符号(如人民币符号"¥")或者货币名称简写和币种符号。币种符号与阿拉伯金额数字之间不得留有空白。凡在阿拉伯金额数字前面写有币种符号的,数字后面不再写货币单位(如人民币"元")。

(4) 所有以元为单位(其他货币种类为货币基本单位,下同)的阿拉伯数字,除表示单价等情况外,一律在元位小数点后填写到角、分,无角、分的,角、分位可写"00"或符号"——";有角无分的,分位应写"0",不得用符号"——"代替。

(5) 汉字大写金额数字,一律用正楷或行书书写,如壹、贰、叁、肆、伍、陆、柒、捌、玖、拾、佰、仟、万、亿、元、角、分、零、整(正)等易于辨认、不易涂改的字样,不得用0、一、二、三、四、五、六、七、八、九、十、另、毛等简化字代替,不得任意自造简化字。

(6) 大写金额数字到元或角为止的,在"元"或"角"之后应写"整"或"正"字;大写金额数字有分的,分字后面不写"整"字。

(7) 大写金额数字前未印有货币名称的,应当加填货币名称(如"人民币"三字),货币名称与金额数字之间不得留有空白。

(8) 阿拉伯金额数字中间有"0"时,大写金额要写"零"字,如人民币101.50元,汉字大写金额应写成：壹佰零壹元伍角整。阿拉伯金额数字中间连续有几个"0"时，汉字大写金额中可以只写一个"零"字，如￥1 004.56，汉字大写金额应写成：壹仟零肆元伍角陆分。阿拉伯金额数字元位为"0"，或数字中间连续有几个"0"，元位也是"0"，但角位不是"0"时，汉字大写金额可只写一个"零"字，也可不写"零"字。

（9）不要把"0"和"6"，"1"和"7"，"3"和"8"，"7"和"9"书写混淆。在写阿拉伯数字的整数部分时，可以从小数点向左按照"三位一节"用分位点"，"分开或加 1/4 空分开。如 8，541，630 或 8 541 630 。

1. 请写出下列小写金额的中文大写金额。

小　写　金　额	大　写　金　额
￥258.03	
￥30 698.01	
￥39 697.21	
￥10 000.98	
￥7 801.3	
￥5 987 012.35	
￥6 001.02	

2. 请写出下列中文大写金额的小写金额。

大　写　金　额	小　写　金　额
人民币伍拾叁万叁仟陆佰元肆角壹分	
人民币捌佰柒拾玖元正	
人民币壹仟零贰元伍角正	
人民币壹拾捌元叁角贰分	
人民币伍仟壹佰柒拾万贰仟元整	
人民币叁拾万零伍拾元壹角陆分	
人民币陆元捌角整	

二、票据中文字的书写

什么是票据？票据有哪些？

根据《中华人民共和国票据法》(1995 年 5 月 10 日第八届全国人民代表大会常务委员

会第十三次会议通过,2004年8月28日第十届全国人民代表大会常务委员会第十一次会议修正)的规定,在中华人民共和国境内的票据是指汇票、本票和支票。

汇票是出票人签发的、委托付款人在见票时或者在指定日期无条件支付确定的金额给收款人或者持票人的票据。汇票又可分为银行汇票和商业汇票。

本票是出票人签发的承诺自己在见票时无条件支付确定的金额给收款人或者持票人的票据。票据法所称的本票,是指银行本票。

支票是出票人签发的、委托办理支票存款业务的银行或其他金融机构在见票时无条件支付确定的金额给收款人或持票人的票据。

票据上的金额等以中文大写和数码同时记载,二者必须一致。二者不一致的,票据无效。

票据的票样如图1-2-1、图1-2-2、图1-2-3、图1-2-4所示。

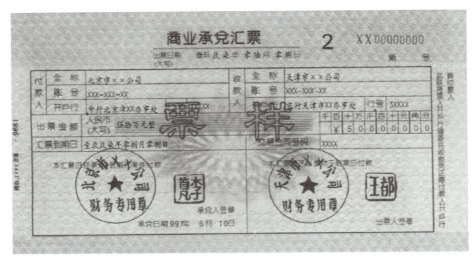

图1-2-1

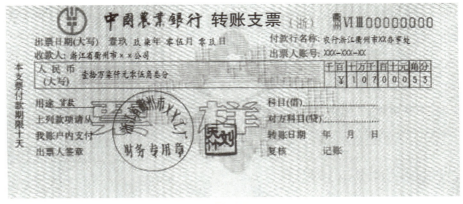

图1-2-2

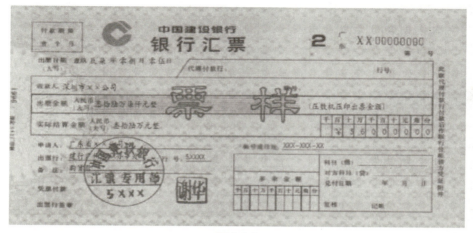

图 1-2-3

图 1-2-4

票据上中文大写的有关规定：

（1）大写金额由数字和数位组成。数位主要包括：元、角、分、人民币和拾、佰、仟、万、亿以及数量单位等。

（2）大写金额前若没有印制"人民币"字样的，书写时，在大写金额前要冠以"人民币"字样。"人民币"与金额首位数字之间不得留有空格，数字之间更不能留存空格，写数字与读数字顺序要一致。

（3）人民币以元为单位时，只要人民币元后分位没有金额（即无角无分，或有角无分），应在大写金额后加上"整"字结尾；如果分位有金额，在"分"后不必写"整"字。例如，58.69元，写成：人民币伍拾捌元陆角玖分。因其分位有金额，在"分"后不必写"整"字。又如，58.60元，写成：人民币伍拾捌元陆角整。因其分位没有金额，应在大写金额后加上"整"字结尾。

（4）如果金额数字中间有两个或两个以上"0"字时，可只写一个"零"字。如金额为800.10元，应写成：人民币捌佰元零壹角整。

（5）表示数字为拾几、拾几万时，大写文字前必须有数字"壹"字，因为"拾"字代表位数，而不是数字。例如，10元，应写为：壹拾元整。又如，16元，应写成：壹拾陆元整。

（6）大写数字不能乱用简化字，不能写错别字，如"零"不能用"另"代替，"角"不能用"毛"代替等。

（7）中文大写数字不能用中文小写数字代替，更不能与中文小写数字混合使用。

（8）在填写票据的日期时，在一月到九月前面要加上"零"字再写上日期，在一日到九日前也要加上"零"字。

 实训练习

1. 抄写零至拾中文数字及佰、仟、万、亿、元、角、分、整、正。

壹	贰	叁	肆	伍	陆	柒	捌	玖	拾

佰	仟	万	亿	零	整	正	元	角	分

2. 写出下列日期的中文大写。

日　　　期	大　写　日　期
1998 年 2 月 5 日	
2007 年 12 月 3 日	
2010 年 5 月 12 日	
2009 年 10 月 31 日	
2008 年 11 月 3 日	
2010 年 8 月 30 日	
2006 年 10 月 10 日	
2010 年 12 月 20 日	

3. 请为下列票据填上日期和金额。

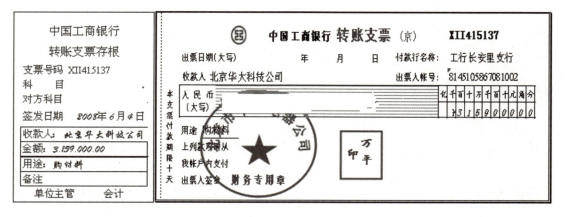

根据上述票据填写下列银行进账单。

中国工商银行 进 账 单（回单）

年　月　日

签发人	全　称		收款人	全　称	
	账　号			账　号	
	开户银行			开户银行	
人民币（大写）			千 百 十 万 千 百 十 元 角 分		
票据种类		票据张数			
票据号码					
单位主管　　会计　　复核　　记账			开户银行签章		

此联是出票人开户银行交给出票人的回单

实训 3　错字的订正

阅读资料

什么是会计凭证

会计凭证是指记录经济业务的发生和完成情况，明确经济责任，并作为记账依据的书面证明。为保证会计信息的真实性，单位发生任何一项经济业务以后均应由执行或完成该项经济业务的有关人员填制或取得能证明经济业务的内容和金额的凭证,并在凭证上签章;所有凭证还必须由会计部门审核无误后才能作为记账的依据。

会计凭证种类繁多,按照其填制的程序和用途不同可分为原始凭证和记账凭证两大类。原始凭证是指在经济业务发生时取得或填制的、用以记录经济业务的发生或完成情况,并作为记账原始依据的会计凭证。记账凭证是指根据审核无误的原始凭证填制的、用来记录经济业务简要内容、确定会计分录、作为记账直接依据的会计凭证。

原始凭证的基本要求

(1) 原始凭证的内容必须具备:凭证的名称;填制凭证的日期;填制凭证单位名称或者填制人姓名;经办人员的签名或者盖章;接受单位名称;经济业务内容;数量、单价和金额。

(2) 从外单位取得的原始凭证,必须盖有填制单位的公章;从个人取得的原始凭证,必须有填制人员的签名或者盖章。自制原始凭证必须有经办单位领导人或者其指定的人员签名或者盖章。对外开出的原始凭证,必须加盖本单位公章。

(3) 凡填有大写和小写金额的原始凭证,大写与小写金额必须相符。购买实物的原始凭证,必须有验收证明。支付款项的原始凭证,必须有收款单位和收款人的收款证明。

(4) 一式几联的原始凭证,应当注明各联的用途,只能以一联作为报销凭证。一式几联的发票和收据,必须用双面复写纸(发票和收据本身具备复写纸功能的除外)套写,并连续编号。作废时应加盖"作废"戳记,连同存根一起保存,不得撕毁。

(5) 发生销货退回的,除填制退货发票外,还必须有退货验收证明;退款时,必须取得对方的收款收据或汇款银行的凭证,不得以退货发票代替收据。

(6) 职工公出借款凭据,必须附在记账凭证之后。收回借款时,应当另开收据或者退还借据副本,不得退还借款收据。

(7) 经上级有关部门批准的经济业务,应当将批准文件作为原始凭证附件。如果批准文件需要单独归档的,应当在凭证上注明批准机关名称、日期和文件字号。

原始凭证不得涂改、挖补。发现原始凭证有错误的,应当由开出单位重开或者更正,更正处应当加盖开出单位的公章。

记账凭证的基本要求

(1) 记账凭证各项内容必须完整。

(2) 记账凭证应连续编号。一笔经济业务需要填制两张以上记账凭证的,可以采用分数编号法编号。

(3) 记账凭证的书写应清楚、规范。相关要求同原始凭证。

(4) 记账凭证可以根据每一张原始凭证填制,或根据若干张同类原始凭证汇总编制,也可以根据原始凭证汇总表填制,但不得将不同内容和类别的原始凭证汇总填制在一张记账凭证上。

(5) 除结账和更正错误的记账凭证可以不附原始凭证外,其他记账凭证必须附有原始凭证。

(6) 填制记账凭证时若发生错误应当重新填制。

已登记入账的记账凭证在当年内发现填写错误时,可以用红字填写一张与原内容相同的记账凭证,在摘要栏注明"注销某月某日某号凭证"字样,同时再用蓝字重新填制一张正确的记账凭证,注明"订正某月某日某号凭证"字样。

如果会计科目没有错误,只是金额错误,也可将正确数字与错误数字之间的差额,另编一张调整的记账凭证,调增金额用蓝字、调减金额用红字。

发现以前年度记账凭证有错误的,应当用蓝字填制一张更正的记账凭证。

(7)记账凭证填制完成经济业务事项后,如有空行,应当自金额栏最后一笔金额数字下的空行处至合计数上的空行处划线注销。票据等重要凭证的文字及数字差错必须重新填制,涂改无效。

一、原始凭证中小写数字和文字书写错误的订正

原始凭证是记录经济业务发生的证明,主要有各式发票、货运单据等。在实际工作中如果原始凭证上记录的经济业务的数字金额发生错误,是不可以修改的,必须重新填制一张新的原始凭证,将原填错的凭证加盖"作废"章后加以保管;如果是发票等原始凭证的文字错误,可以由出票人在错字上划线,并在其上方写出正确文字的方法进行订正,并加盖原出票人的姓名章以示责任的明确。对于自制的原始凭证,若填写错误,无论是数字还是文字错误,均应采取重新填写一张的办法予以解决。

1. 用划线法更正下列会计凭证。

劳务(收入)发票　　　　　　　　NO.9845

客户:信诚制作中心　　　　2007年10月12日

项目	规格	单位	数量	金额							收款方式
				十万	万	千	百	十	元	角	分	
运营						9	3	5	0	0	现金
合计					¥	9	3	5	0	0	

金额(大写)玖佰叁拾伍元整

备注:提供运输收入

制票:林梅　　　　　　　　　　　　　收款:金琳

第二联　发票联

以上发票中"项目"的"运营"两字应为"运输",请用正确的方法进行更正。

2. 以下发票的金额有错误,请采用正确的方法加以更正。

请计算下列正确的税款额,然后用正确的方法加以改正。

增值税专用发票

此联不作报销、扣税凭证使用　　　　　　　　　　　　　No.00785470

开票日期：2007 年 10 月 2 日

购货单位	名　　称：新华公司						密码区	（略）		
	纳税人识别号：1456125476423145									
	地址、电话：南京市中华路78号									
	开户行及账号：中国银行中华路支行 70068792456									
商品及劳务名称	规格型号	计量单位	数量	单　价	金　额		税率(%)	税　额		
A 产品		件	900	750	675 000.00		17	115,750.00		
合　计					¥675 000.00			¥115 750.00		
价税合计（大写）	柒拾捌万玖仟柒佰伍拾元整									
销货单位	名　　称：大阳设备通讯制造公司						备注			
	纳税人识别号：5365875651254									
	地址、电话：南京市九江路8号									
	开户行及账号：中国银行九江支行 125567899825632									

收款人：　　　复核人：　　　开票人：王环　　　开票单位（盖章）：

第三联　记账联　销货方记账凭证

请根据以上信息正确填写下列增值税专用发票。

增值税专用发票

此联不作报销、扣税凭证使用　　　　　　　　　　　　　No.00785470

开票日期：　　年　　月　　日

购货单位	名　　称：					密码区	（略）	
	纳税人识别号：							
	地址、电话：							
	开户行及账号：							
商品及劳务名称	规格型号	计量单位	数量	单　价	金　额	税率(%)	税　额	
合　计								
价税合计（大写）								
销货单位	名　　称：					备注		
	纳税人识别号：							
	地址、电话：							
	开户行及账号：							

收款人：　　　复核人：　　　开票人：　　　开票单位（盖章）：

二、记账凭证中小写数字和文字错误的订正

记账凭证的错误如果在登记账簿以前发现，无论是文字还是数字错误均可重新填写一张新的凭证，原凭证不用保留，如果记账凭证在登记完账簿后发现错误，就要根据错误发生的具体情况采用"补充登记法"或其他正确的冲账方式进行改正。

以下记账凭证中银行存款的数额应为 685 000.00 元，请更正。

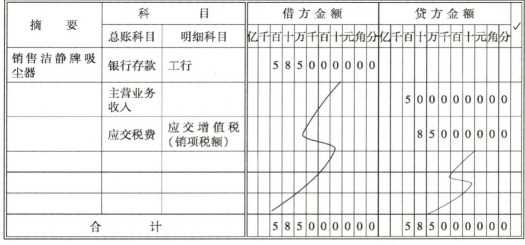

三、账簿登记中文字和金额错误的订正

如果在账簿结账前发现过账(将正确凭证上的经济事项过记到相关账簿的过程)错误或计算错误,则应将错误的数字整个从头至尾划一道红线,然后再将正确数字写在其上方,并加盖个人签章,以示负责。不能只改正其中个别的错误字码,更不准在原数字上涂改其中的个别字码,以免混淆不清。若是错误的文字,则可在错误的个别文字上划线,并在其上方写上正确文字进行订正。如结账后发现错误,则要按正确的更正错账方法加以更正。

下列存款日记账中 6 月 2 日的金额有误,应为 6 800.00 元,请改正。

银行存款日记账

2008		凭证		摘要	对方科目	借 方									贷 方									余 额									√
月	日	字	号数			千	百	十	万	千	百	十	元	角	分	千	百	十	万	千	百	十	元	角	分	千	百	十	万	千	百	十	元	角	分	
1	1			期初余额																									3	0	2	5	2	5	0	0	
6	2	记	1	提现备用																5	8	0	0	0	0				2	9	6	7	2	5	0	0	

项目二

珠算技术

 实训目标

了解算盘的结构、特点与常用名词,熟练掌握正确的拨珠指法以及正确的握笔、看数、写数、定位、清盘等珠算技巧。掌握无诀式基本加、减法的计算方法,掌握基本加、减法的拨珠规律,掌握珠算乘法和除法的基本原理,熟练掌握空盘前乘法和商除法,了解账表算、传票算的运算程序和方法。

 实训内容

珠算的种类;算盘的构造、特点与常用名词;珠算技巧;四类无诀式加减法的算理算法;四类无诀式加减法的拨珠规律;基本加减法的简捷算法;珠算乘法的算理算法;一位数和多位数的空盘前乘法;小数乘法;商除法的试商、置商原则及方法;账表算的运算程序和方法;传票算的运算程序和方法。

 实训用具

教学用算盘、学生用算盘、配套珠算训练题。

实训1　珠算技巧

 阅读资料

珠算的起源与发展

珠算是以算盘为工具,以数学理论为基础,运用手指拨珠进行运算的一门计算技术,它是我国古代劳动人民重要的发明创造之一,千百年来这一技术不断扩散,传播到世界各国,推进着人类文明的发展历程。

珠算和算盘是由我国古代的"筹算"和"算筹"发展演变而来的。算筹是小竹棍。用算筹表示数和进行计算叫"筹算"。从我国最早的天文学、数学著作《周髀算经》中可以知道,"筹算"至少在春秋时代就有了广泛的应用。近年我国考古学者已从秦汉古墓中发现了古代算筹,其形制如图 2-1-1 所示。

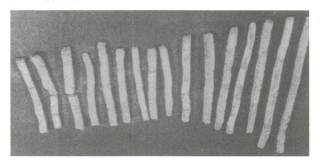

图 2-1-1　古代算筹

据史书记载,南宋时代已有珠算歌诀出现,珠算自产生之日起发展至今,已有 1 800 多年的历史。

由于珠算所具有的优越的计算功能、教育功能和启智功能,即使社会已进入电子时代,计算工具中的传统算盘仍然具有广泛的适用性,发挥着重大作用。

中华人民共和国成立后,党和国家领导人十分重视珠算事业的发展。1972 年,周恩来总理在接见美籍物理学家李政道博士时说:"要告诉下面不要把算盘丢掉。"1979 年,薄一波同志为《珠算》杂志题词:"算盘是我国的传统计算工具。一千多年以来,在金融贸易和人民生活等方面起了重要作用。用算盘和用电子计算机并不矛盾。现在还应充分发挥算盘的功能,为我国经济建设事业服务。"

算盘的结构

算盘的发明历史悠久,在长期的社会实践过程中,我国劳动人民创造出各种精美的算盘,各种算盘的样式如下面图 2-1-2 至图 2-1-11 所示。

图 2-1-2　黄金算盘

图 2-1-3　老银算盘

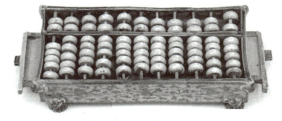

图 2-1-4　青花瓷算盘

图 2-1-5　玉如意算盘

图 2-1-6　民国十三档木算盘

图 2-1-7　檀木算盘

图 2-1-8　戒指算盘

图 2-1-9　玉算盘

图 2-1-10　圆算盘

图 2-1-11　特长算盘

　　各种算盘尽管在大小形状上有些区别,但它的基本结构不外乎由框、梁、档、珠四大部分组成,如图 2-1-12 所示。

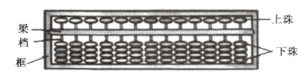

图 2-1-12　算盘的基本结构

现在人们普遍使用经过改进后的算盘,它增加了清盘器、计位点、垫脚等装置。

珠算的特点

在学习珠算计算方法之前,必须搞清珠算计算不同于其他计算方法,有其自身特殊性,只有认识这些特性,才能充分利用算盘这一传统的计算工具。珠算的特点概括如下:

(1) 算盘以算珠靠梁表示记数。每颗上珠当五,每颗下珠当一,以空档表示零,以档表示数位。高位在左,低位在右。

(2) 置数前算盘上不能有任何算珠靠梁(清盘)。置数时,应先定位,由高位到低位(从左向右)将预定数字按位逐档拨珠靠梁。

(3) 珠算在进行加减运算时极为方便。珠算加减从左向右进行,与实际工作中读数顺序一致。可以边看边打,在被加数(被减数)上连加(连减)几个数,其结果立即从盘面显示出来。

(4) 珠算在熟练地掌握了加减运算方法的基础上,乘除运算在盘上就变成了用"大九九"口诀的加减运算,不像笔算那样繁杂。

(5) 珠算计算采用"五升十进制"。用算盘计算时,由于一颗上珠当五,当下珠满五时,需用同档的一颗上珠来代替,称为五升。当一档数满十向左档进一,称为十进。"五升十进制"是珠算运算中的一个规则,也是算盘赖以生存和发展的一个基础。

珠算的常用名词

算盘:算盘是我国古代劳动人民创造的一种计算工具。它是指按一定规格构成的算珠系统。古书中也称"珠盘"。

算珠(珠、珠子、算盘珠):在计算中,由于其所处的空间位置不同,而可以有不同赋值的珠子。有圆珠和菱珠两种。

内珠(梁珠):靠梁的算珠叫内珠,又叫梁珠,它表示数字。

外珠(框珠):离梁靠框的算珠叫外珠,也叫框珠,通常它表示为零和无数字,作补数运算时,它也表示补数。

带珠:拨珠时,把本档或邻档不应拨入或拨去的算珠带入或带出叫带珠。

飘珠(漂子):拨珠时用力过轻或过重,造成不靠边不靠梁,浮漂在档中间的算珠。

空盘:算盘上所有档上的算档,全部靠框不靠梁叫空盘,空盘表示算盘里没有记数。

空档:上下珠都不靠梁的档叫空档。"0"是以空档来表示的。

隔档:亦称"隔位",一般称本档的左二档或右二档为隔档。

前档(上位):算盘本位的左一档(位)比本位大十倍。

下档(下位):算盘本位的右一档(位)是本位的十分之一。

借档(串档):运算过程中未将算珠拨入应拨的档位。

法数和实数:我国古算书中,将乘法中的被乘数,除法中的被除数称为"实数";把乘法中的乘数,除法中的除数称为"法数"。珠算中的实数概念应和数学中的"实数"区分开来。

补数和齐数：两数之和为 10 的 N 次方，这两数就互为"补数"。一个数与它的补数之和叫该数的齐数。某数是几位数，它的齐数就是 10 的几次幂。例如，57 的补数为 43，齐数为 100。

首位数与末位数：一笔数中最先出现的不为零的数称为首位数，亦叫"最高位数"。一笔数中除去"0"以外的末位数字叫"末位数"。

估商：在除法计算过程中，比较被除数和除数，心算估计商数的大小称估商。

调商：在归除或商除运算中，一次试商不准，需补商或退商称调商。

首商：除法计算中，所求的第一位商数称为首商。

确商：经过调整后得出的确切商数称为确商。

压尾档：在省略计算中，截止档的下一档叫压尾档。

一、拨珠指法

用算盘进行数字计算，主要靠手指拨珠来完成，拨珠方法正确与否，直接影响运算效率和准确度，只有正确掌握和熟练运用拨珠指法，才能为今后的学习以及计算水平的提高打下良好的基础。本书重点介绍三指拨珠法。

三指拨珠是指右手的无名指、小指向掌心自然弯曲，拇指、食指、中指伸出，垂直于算盘进行拨珠。拇指、食指、中指在拨珠过程中有严格的分工。

拇指：专拨下珠靠梁；

食指：专拨下珠离梁；

中指：专拨上珠靠梁与离梁。

拨珠指法可分为：单指独拨、两指联拨、三指联拨。

1. 单指独拨

按照手指分工一个手指一拨的指法叫单指独拨。

拇指：拨入 1、2、3、4 时（教师示范）。

食指：拨去 1、2、3、4 时（教师示范）。

中指：拨入或拨去 5 时（教师示范）。

2. 两指联拨

利用拇指与中指、拇指与食指、食指与中指相互配合来进行拨珠的方法叫两指联拨，它可以提高拨珠量，加快运算速度。

两指联拨的基本指法有：

（1）双合（拨入 6、7、8、9 时）：拇指、中指在同一档同时拨珠靠梁。双分（拨去 6、7、8、9 时）：食指、中指在同一档同时拨珠离梁。

（2）斜合（拨入 15、25、35、45 时）：拇指、中指在前后档同时靠梁拨珠。斜分（拨去 15、25、35、45 时）：食指、中指在前后档同时离梁拨珠。

（3）同上（如拨 5 555 - 1 234 时）：拇指、中指在同一档同时向上拨珠。同下（如拨 1 234 + 4 321 时）：中指、食指在同一档同时向下拨珠。

（4）斜上（如拨 5 + 5、25 + 5、16 + 15 等）：拇指、中指在前后档同时向上拨珠。斜下（如拨 10 - 5、20 - 5 等）：中指、食指在前后档同时向下拨珠。

（5）扭进（如拨 6 + 9、8 + 8、4 + 7 等）：拇指在前一档向上运动的同时，食指在后一档向下拨珠。

（6）扭退（如拨 10－8、20－16、85－26 等）：食指在前一档向下运动的同时，拇指在后一档向上拨珠。

3. 三指联拨

拇指、食指、中指三个手指同时拨动算珠的指法叫三指联拨。

（1）三指进（如拨 6＋4、7＋3、9＋1 等）：食指、中指在本档拨上、下珠离梁时，拇指在前一档拨下珠靠梁。

（2）三指退（如拨 10－2、10－3、10－4 等）：食指在前档拨下珠离梁时，拇指、中指同时拨上下珠靠梁。

初学拨珠时，要严格注意手指分工，避免一些错误的拨珠指法，做到拨珠方法规范、自然，可通过练习"指法操"达到以上要求。

指法操：1、5、－2、－5……

另外，练习拨珠运算时要留意以下几点：

（1）用力要适度，算珠要拨到位。不能用力过重，也不能太轻。

（2）手指离开盘面距离要小，拨珠要连贯，做到指不离档。

（3）看准算珠再拨，力戒重复拨动某一算珠，减少不必要的附加动作。

（4）拨珠要有顺序。拨珠应先后有序，有条不紊为好，即使二指联拨、三指联拨，也有先后顺序，不能先后颠倒，层次不分。

（5）拨珠要顺畅自然。拨珠时要做到手指协调自然。

以上拨珠要领要熟练掌握，才能提高拨珠效率，在拨珠过程中充分运用联拨运算，力求减少单指独拨，做到拨珠既稳又准。

二、握笔运算

为了减少在运算过程中拿笔与放笔的时间，提高计算效率，必须养成握笔运算的好习惯，这是必备的基本功之一。

握笔方法：将笔横握于右手掌心，用无名指和小指夹住笔杆，笔杆的上端伸出虎口，笔尖露于小指外，将笔竖直即可写数，将笔复回原位又可运算（如图 2-1-13 所示）。

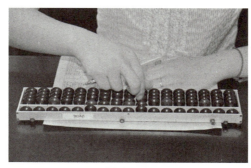

图 2-1-13

三、正确坐姿

打算盘的姿势正确与否直接影响运算的准与快。因为眼、脑、手要并用，配合要默契，动作要连贯,所以打算盘时,身要正,腰要直,肘和腕离开桌面,头稍低,要求视线落在算盘与练习题交界处,运算时靠视觉转移看数拨珠,不能摆头。打算盘时肘部摆动的幅度不宜过大,手离开桌面距离大约为0.5cm,过低在运算中会产生带珠,过高会发生手指上下跳动拨珠。要做到指不离档,手指与盘面的角度,一般以45°~60°为宜。

身体与桌沿的距离约10cm,算盘放在适当的位置,并与桌边基本平行(如图2-1-14、图2-1-15所示)。使用算盘时,应利用算盘的边与计算资料的行次进行运算。这样才能加快速度,提高运算质量。

图 2-1-14

图 2-1-15

四、看数的方法

珠算运算,首先遇到的是看数。看数快与准直接影响到以后计算的速度和准确率。看数一般从位数较少的开始,秩序渐进。最好一开始就养成一眼一笔数的好习惯,如果不能这样,那么也可以分节看数,看数时万、千、百、个等位数和元、角、分等单位可不记,如487 683.25可一次看完记住,也可以分为487-683.25,还可以分为487-683-25看,分节次数越少越有利于运算速度的提高。看数的同时,右手立即拨珠,快要拨完一节,随即看下一节数,要上下环节连接起来,做到边看边打,否则中间就会出现拨珠停顿,从而影响计算速度。数的位数与盘面上计位点应对照起来,位数才能准确无误。熟练以后要做到眼睛能兼顾到计算资料和算盘,使计算动作环环相扣。

如已具有一定计算水平,可以根据自身情况在简单看数的基础上练习并行看数,做到眼到数出,随即拨入算盘中。看数是珠算计算最关键的第一步,无论是初学者,还是有一定技术水平的熟练者都必须重视,只有看数水平提高了,才能提高计算水平。看数时应注意以下三方面的问题:

(1)计算资料离算盘的距离尽量缩短;

(2)看数时切忌念出声音;

(3)看数时头不要上下或左右摆动。

五、写数的方法

计算完毕,将算盘上的答案记录下来,这是珠算运算的最后一个环节。表面上看抄写数字与计算关系不大,但一道题的正确与否,除取决于运算拨珠是否正确外,还与抄写数字有较大关系。一是数字抄写是否准确、清晰、整齐;二是抄写是否快捷。

在运算过程中,要养成笔不离手的习惯。写数时,应在准的基础上求快。要养成盯盘写数的好习惯,这就要锻炼眼睛捕捉盘上数字的能力。当一道题计算完毕,左手握住清盘器,眼睛盯盘,在确定写数位置后,一笔数就能从高位到低位很快写完。写数时从高位到低位连同小数要一次书写完毕。只有做到盯盘写数,并认真练习,才能达到书写数字的准与快。

六、正确定位与清盘

计算水平的高低,除了计算各环节相互衔接外,主要是要提高计算效率,尽量减少一些环节,如定位、清盘等在整个计算过程中所占用的时间。具体做法为:在一道题快要计算到尾数时,位数就已确定,就应抓紧时间书写答案,当答案书写到末位数时,左手中指按下清盘器随即清盘。这样,定位、清盘就不占用计算时间,大大提高了运算的节奏和运算的效率。

使用装有清盘器的算盘,应直接使用清盘器进行清盘。使用没有清盘器的算盘,其清盘方法是:将右手的拇指和食指捏拢,顺梁的两侧从右向左迅速将上下珠排开并靠边,每次清盘要求用力适当,动作不要重复。

1. 在盘上拨入 1、2、3、4、5、6、7、8、9 并拨去(越快越好)。
2. 拨珠练习。

```
    111,111,111              222,222,222
  + 111,111,111            + 222,222,222


    333,333,333              123,123,123
  + 555,555,555            + 876,876,876


    672,341,334              123,281,453
  + 212,103,115            + 526,702,511


    431,653,221              608,238,754
  + 526,221,213            + 271,611,245


    333,333,333              444,444,444
  - 222,222,222            - 333,333,333


    666,666,666              777,777,777
  - 555,555,555            - 666,666,666


    224,324,323              726,284,324
  - 213,123,321            - 221,232,213
```

$$693,289,734$$
$$-462,135,522$$

$$673,462,851$$
$$-342,251,431$$

$$976,687,876$$
$$-644,443,524$$

$$468,578,285$$
$$-321,416,613$$

比一比、赛一赛

略，见配套珠算训练题。

实训 2 加 减 法

我国珠算加减运算是依据"五升十进"制原理制定的，加中有减，减中有加，充分体现互逆关系，算理科学，算法简捷。

我国传统加减法是口诀加减法，为避免背诵口诀之烦，充分发挥珠算的启智功能，依据"五升十进"制原理，通过对 5 与 10 两数的分解和合成，利用"凑数"与"补数"概念，逐步取代口诀加减法。

凑数：和为 5 的两个数互为凑数，如 1 和 4、2 和 3 等（$1+4=5, 2+3=5, 3+2=5, 4+1=5$）。

补数：和为 10 的两个数互为补数，如 1 和 9、2 和 8、3 和 7、4 和 6、5 和 5 等（$1+9=10, 2+8=10, 3+7=10, 4+6=10, 5+5=10, 6+4=10, 7+3=10, 8+2=10, 9+1=10$）。

珠算加减法是实际计算工作中用途最广的计算方法，占计算总量的 80% 以上。

加法是一切计算方法的基础，减法是加法的逆运算，它集中了珠算的特点和基础知识。加减法用算盘运算较之笔算、计算器运算更准确而迅速，最能显示珠算的优点。

珠算加减法最基本的操作是一位数的加减法，熟练掌握了一位数的加减法，就能完成任何多位数的加减运算。

珠算加减法运算的基本规律是：数位对齐、高位算起。

珠算加减法运算的基本原理是：五升（满五用一颗上珠）、十进（满十向左边进位）。

珠算加减法运算的基本法则是：靠梁为加，离梁为减。

珠算基本加减法有四种基本类型：

(1) 直加、直减。

(2) 凑数加、凑数减。

(3) 补数加、补数减。

(4) 凑补加、凑补减。

一、基本加法

1. 直加法

指法：当拨入被加数时，能直接拨珠靠梁即可完成的计算。

眼看加数，拨外珠靠梁。例：53 + 25 = ?

2. 下五的加(凑数加)

凑数：两数之和为5，则这两个数互为凑数。

指法：当被加数小于5，又分别要加上少于5的数时，必须加5再减去多加的数才可完成的计算。

运算法则：下珠不够，加5减凑。例 4 + 3 = ? 下5的同时拨去3的凑数2。

3. 进十的加(补数加)

补数：两数之和为10，则这两个数互为补数。

指法：在同一档两数相加的和大于或等于10，必须向左进位才可完成的计算。

运算法则：本档满10，减补进1。例 7 + 9 = ? 本档拨去9的补数1同时在前档拨入1。

4. 去五进十的加(凑补加)

指法：本档已有上珠靠梁，要加上6、7、8、9各数，减补进1(但下珠不够，先加凑去5，再向前档进1)才可完成的计算。

运算法则：减补进1不行，加凑减5再向前档进1。例 5 + 7 = ? 本档应减7的补数3，直减不行，加上3的凑数2同时去5，再向前档进1。

二、基本减法

1. 直减法

指法：当拨去被减数时，能直接拨珠离梁即可完成的计算。

运算规则：减看内珠，够减直减。7 465 - 2 315 = ?

2. 破五减法(凑数减)

指法：本档5已靠梁，在减去小于5的各数时，下珠不够直减，必须先减去5，再加上多减的数才可完成的计算。

运算法则：下珠不够，加凑减5。85 762 - 42 331 = ?

3. 退十减法(补数减)

指法：在本档被减数小于减数不够减时，必须向前档借1作为本档的10来减，同时在本档加还多减的数即可完成的计算。

运算法则：本档不够减，退10加补。6 545 - 1 736 = ?

4. 退十还五减法(凑补减)

指法：本档只有下珠靠梁，要减去6、7、8、9各数(退1加补，下珠不够)，先加上5，再减去补数的凑数才可完成的计算。349 832 - 276 472 = ?

运算法则：退1加补不够，加5减补数的凑数。

三、特殊减法

1. 隔档借位的减法

100 − 2 = 98   1 000 − 2 = 998   10 000 − 2 = 9 998

规律：隔了几档，退 1 后就要还上几个 9，并在本档上加上减数的补数。

2. 不够减连借情况下的减(倒数减)法

不够减的情况，例 365 − 458 = ?

百位档减时向前档虚借 1，盘上得 907，实际是它的补数 −93。

答案是 −93。

法则：有借无还得数虚，抄下外珠为负值(注意：个位档要抄补数)。

例如：365 − 458 + 2 376 = 2 283

这题是先虚借，后面继续加时，能还掉所借的 1，能还就还。

法则：有借有还得数实，照抄得数为正值。

四、珠算基本加减的简捷算法

简捷加减法是以基本加减法为基础，采用合理的运算方式，简化运算过程，减少拨珠次数，来提高运算速度和准确率的计算方法(只介绍比较容易掌握的并行加减法中的一目三行法)。

1. 一目三行直接加减法

在竖式加减法运算中，用心算求出三行相同位数上的代数和，然后拨入对应档位的运算方法。

2. 一目三行正负抵消法

在竖式加减混合运算中，用心算求出三行相同位数上的代数和(正数、负数之间相抵销)，然后拨入对应档位的运算方法。

五、珠算加减法的运算顺序

进行珠算加减法的运算顺序可以是从左到右，也可以是从右到左，也可以来回穿梭打。

 实训练习

1. 直加法练习。

| 2,817 | 7,426 | 1,682 | 6,814 |
| +7,062 | +2,563 | +2,312 | +3,020 |

| 1,831 | 8,135 | 3,122 | 3,081 |
| +5,063 | +1,614 | +1,867 | +6,165 |

| 18,246 | 56,301 | 28,066 | 16,925 |
| +20,703 | +22,143 | +21,423 | +53,014 |

691,372	306,329	567,403.75	564,925.73
+205,526	+162,670	+421,561.02	+425,063.21

2. 下五加法练习。

1,111	2,222	4,444	3,333
+4,444	+3,333	+1,111	+2,222
2,113	4,234	4,232	2,424
+4,442	+2,322	+2,344	+3,132
42,431	42,321	42,342	23,431
+34,244	+23,434	+34,214	+43,224
423,421	231,322	24,212.12	43,213.34
+234,234	+424,243	+43,443.43	+43,343.32

3. 进十加法练习。

7,425	6,824	9,235	7,989
+8,795	+4,397	+2,875	+4,123
6,357	7,426	8,237	7,437
+9,854	+4,785	+7,984	+9,683
736,243	896,898	629,368.53	287,498.54
+394,968	+329,825	+582,744.57	+924,617.56

4. 去五进十加法练习。

5,555	5,555	5,555	5,555
+6,666	+7,777	+8,888	+9,999
5,678	6,578	6,565	9,898
+6,766	+7,661	+7,777	+5,656
567,687	885,666	278,415.67	398,526.25
+766,767	+668,876	+814,627.78	+624,678.79

5. 直接减法练习。

7,465	8,634	4,639	2,647
−2,315	−7,112	−2,127	−1,532

8,395	3,976	8,798	2,659
−3,275	−2,721	−7,623	−2,154

768,712	376,854	863,456.34	589,623.78
−262,601	−261,653	−612,251.22	−534,112.25

6. 破五减法练习。

85,762	76,857	68,943	56,789
−42,331	−34,423	−44,521	−32,446

58,565	98,267	87,668	85,656
−24,332	−64,143	−44,354	−43,224

586,875	765,758	25,678.54	58,389.67
−342,442	−322,324	−13,144.32	−34,256.44

7. 退十减法练习。

6,545	8,312	5,082	7,836
−1,736	−5,978	−2,593	−4,954

2,387	4,936	5,902	3,422
−1,568	−3,498	−3,618	−2,519

196,134	406,732	3,543,621.31	9,240,738.11
− 67,345	−257,493	−1,854,937.57	−6,952,245.24

8. 退十还五减法练习。

349,832	730,419	623,450	935,670
−276,472	−486,736	−278,835	−773,446

304,144	223,333	126,943	894,253
−168,498	−178,876	− 62,697	−668,636

623,284.18	642,384.18	101,369.42	
−427,647.63	−276,643.62	− 86,843.67	

9. 退五还十减法练习。

```
   2,394,347        2,182,399        1,339,845
 - 1,727,466      - 1,062,439      -   816,432


  25,293,764       36,271,947       74,482.13
 -12,786,427      -14,646,543      -37,857.66


  9,738,236.38     7,284,345.42     626,934.43
 -2,576,379.66   -3,789,536.56    -472,264.74
```

10. 一目三行并加心算练习。

1	1	1	1	1	2	1
1	1	1	2	2	2	1
1	2	3	2	3	2	4

1	2	1	1	1	2	2
1	2	3	2	1	2	3
5	3	3	4	6	4	3

1	1	2	3	1	2	1
3	2	3	3	1	2	4
4	5	4	3	7	5	4

1	1	1	2	3	2	2
2	3	1	2	3	4	3
6	5	8	6	4	4	5

1	1	1	2	3	1	3
4	2	3	2	3	5	4
5	7	6	7	5	5	5

 比一比、赛一赛

略,见配套珠算训练题。

 阅读资料

加减法的固定数练习

在开始学加减法时,可以多做一些加减法的固定数练习,这样便于学生熟练掌握加减法。

一、加百子

加百子是从1起,顺序加到100,即加1,加2,加3……一直加到100,和数是5 050(要求1分钟左右完成)。

加到的数	和	加到的数	和
10	55	50	1 275
20	210	66	2 211
24	300	77	3 003
36	666	89	4 005
44	990	100	5 050

二、一条心练习(连加625)

一条心将625连加16次,得出总数是10 000,加4次时为2 500,加8次时为5 000,12次时为7 500(要求20秒左右完成)。

三、三盘成练习

将123456789拨在算盘上,然后看到档上的数是多少就加多少,这样,见几打几三次,最后在第三盘的末位档(个位档)加9,得987654321。

实训3 乘 法

 阅读资料

珠算乘法在日常生活与工作中被广泛应用,尤其是在各类珠算比赛中,珠算乘法的种类很多,按是否置数分为置数乘法和不置数乘法,按被乘数的运算顺序分为前乘法和后乘法,按置积位置分为隔位乘法和不隔位乘法。

一、珠算基本乘法

乘法是加法的简便运算,也就是求一个数的若干倍。

（一）乘法口诀

数学运算中，我们学习过"小九九"口诀，是在从 1 到 9 九个数字分别与这九个数字相乘的 81 句口诀中，按小数在前、大数在后，删去重复的 36 句而得到的，共 45 句。珠算乘法是利用"大九九"口诀运算的。"大九九"口诀是由"小九九"加上被删去的 36 句组成，共 81 句。"小九九"口诀、"大九九"口诀见表 2-3-1、表 2-3-2。

表 2-3-1 乘法"小九九"口诀表

积 \ 乘数 \ 被乘数	一	二	三	四	五	六	七	八	九
一	一一01	一二02	一三03	一四04	一五05	一六06	一七07	一八08	一九09
二		二二04	二三06	二四08	二五10	二六12	二七14	二八16	二九18
三			三三09	三四12	三五15	三六18	三七21	三八24	三九27
四				四四16	四五20	四六24	四七28	四八32	四九36
五					五五25	五六30	五七35	五八40	五九45
六						六六36	六七42	六八48	六九54
七							七七49	七八56	七九63
八								八八64	八九72
九									九九81

表 2-3-2 乘法"大九九"口诀表

积 \ 乘数 \ 被乘数	一	二	三	四	五	六	七	八	九
一	一一01	一二02	一三03	一四04	一五05	一六06	一七07	一八08	一九09
二	二一02	二二04	二三06	二四08	二五10	二六12	二七14	二八16	二九18
三	三一03	三二06	三三09	三四12	三五15	三六18	三七21	三八24	三九27
四	四一04	四二08	四三12	四四16	四五20	四六24	四七28	四八32	四九36
五	五一05	五二10	五三15	五四20	五五25	五六30	五七35	五八40	五九45

续表

积\乘数	被乘数	一	二	三	四	五	六	七	八	九
乘数	六	六一06	六二12	六三18	六四24	六五30	六六36	六七42	六八48	六九54
	七	七一07	七二14	七三21	七四28	七五35	七六42	七七49	七八56	七九63
	八	八一08	八二16	八三24	八四32	八五40	八六48	八七56	八八64	八九72
	九	九一09	九二18	九三27	九四36	九五45	九六54	九七63	九八72	九九81

"大九九"与"小九九"的区别在于以下三点：

（1）"大九九"口诀共81句，它包括"小九九"口诀的45句。

（2）在每句口诀的四个字中，"大九九"第一个字一般指乘数，第二个字指被乘数，第三、第四个数是积的十位和个位数。"大九九"口诀始终把乘数放在口诀首位，有利于默记乘数，适用于常用的空盘乘法。而"小九九"口诀运用乘法的交换律，把两因数中较小的数放在前，较大的数放在后，读起来比较顺口，但由于需要颠倒被乘数和乘数的位置，不仅速度不快，而且还容易出现错误。

（3）在读法上，"大九九"口诀一律作四字句读，如"三八24"，读作"三八二四"，不读成"小九九"中的"三八二十四"（四字弃十）；对"四二08"读作"四二零八"，不读成"四二得八"；对"五八40"，读作"五八四零"，不读成"五八四十"。在珠算运算中，口诀中的"0"表示积的位数。为了防止加错档位，默念时，口诀中的"0"不能丢掉。即在"大九九"口诀中，无论乘积是一位数还是二位数，都以二位数进行运算。

"大九九"口诀中，若乘数大于被乘数，口诀读起来比较逆口，如六四24、九七63 等，学习中要加强训练。不仅要熟记"大九九"，而且要达到"读因知积，见因拨积"的熟练程度。

（二）一位数乘法

乘数是一位数的乘法叫作一位数乘法。由于多位数乘法实际上是一位数乘法在不同档位上的叠加，所以学好一位数乘法，是学好多位数乘法的基础和前提。一位数乘法比较容易掌握。现仅以目前普遍适用的空盘前乘法为例，说明其运算方法。

所谓空盘乘法，就是运算时不拨被乘数和乘数入盘，而直接把它们的乘积拨在算盘上。一位数的空盘前乘法就是把算题放在算盘下面，默记乘数，眼看被乘数的每一位，用乘数依次与被乘数从首位到末位的每一位相乘。与被乘数首位数乘积的十位数拨在算盘相应档位上，个位数拨在右档上，与被乘数依次乘积的十位即在此档，个位数再右移一档。依此类推，直至乘完。

【例 2-3-1】 $462 \times 6 = 2\,772$

说明：在做珠算乘法 462×6 时，心记乘数 6，眼看被乘数 462，按乘的顺序，依次默念口诀六四、六六、六二，在算盘左端取一档作为起拨档，随手拨 24、36、12 入盘，即得出积为 2 772。

① 乘数6与被乘数首位4相乘：六四24。
② 乘数6与被乘数第二位6相乘：六六36。
③ 乘数6与被乘数第三位2相乘：六二12。

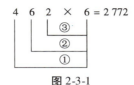

图 2-3-1

【例 2-3-2】　27 519 × 3 = 82 557
① 乘数3与被乘数首位2相乘：三二06。
② 乘数3与被乘数第二位7相乘：三七21。
③ 乘数3与被乘数第三位相乘：三五15。
④ 乘数3与被乘数第四位相乘：三一03。
⑤ 乘数3与被乘数第五位相乘：三九27。

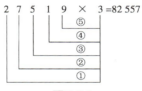

图 2-3-2

【例 2-3-3】　6 054 × 7 = 42 378
① 乘数7与被乘数首位6相乘：七六42。
② 乘数7与被乘数第二位0相乘：积为0，不拨珠。
③ 乘数7与被乘数第三位5相乘：七五35。
④ 乘数7与被乘数第四位4相乘：七四28。

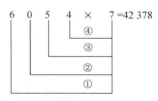

图 2-3-3

由于乘积为0不需要拨珠，很难把握个位档，这样在加下一次十位档时，容易拨错档位。因此，当被乘数中间出现"0"时，运算时要做到以下几点：

（1）指不离档。所谓指不离档，就是运算中右手食指始终停在个位档上，这个个位档即作为下一次乘积的十位档。尤其是个位档为0，甚至连续几档为0时，一定要做到指不离档，方能防止加错档位。

（2）把握规律。被乘数中"0"后面的数字与乘积的积若为一位数，盘面上便有一个0档；若为二位数，则盘面上没有了0档。若连续出现几个0，则前者盘面就有几个0，后者盘面上比被乘数中间少了一个0（0前面的数字与乘数的乘积的个位数字为0不算）。据此把握算盘上的档位是否加错。

（3）加强训练。被乘数中间出现"0"，运算容易出现错误，那么就必须针对性地加强训练，可自制一些此类的算题，反复练习，直至准确无误。

在乘法运算中，我们还应用左手食指指着被乘数，辅助看数，视线分布要合理，努力提高读数和写数的准确性和速度。尽可能缩短数与数、题与题之间的运算时间，达到珠算运算"稳、准、快"的要求。

（三）积的定位法

在算盘上，我们计算 428×6，盘面上得到"2 568"四个数字，而我们计算 428×0.06 时，盘面上也得到"2568"四个数字。很显然，428×6 不等于 4.28×6 和 42.8×0.06，那么，如何去确定乘积的大小呢？下面我们介绍乘积的定位方法。

一个乘积，只要能够判断出它的整数位置，便能够准确读写出它的大小。比如计算 428×6，如果我们判断出它们的乘积有四位整数，那么就知道 $428 \times 6 = 2\ 568$，而不会等于 25.68 或 2.568。

积的定位法就是确定乘积数值大小的方法。由上面的例子可见：算盘上相同的数字，由于定位的不同，它们就表示不同的数。我们首先来了解一下数的整数位数的概念。

1. 数的整数位数

（1）正位数。一个数整数部分数字的个数，称正位数。有几位整数就叫"正几位"，用"+"表示。如：2 568、25.68、2.568，整数位数分别是正四位、正二位和正一位，表示为 +4 位、+2 位和 +1 位。

（2）零位数。纯小数小数点后面到有效数字之间没有 0 的数，称零位数，用"0"表示。如：0.25、0.785 6、0.102 8 等，都是零位数。

（3）负位数。纯小数小数点后面到有效数字之间有 0 的数，称负位数，用"−"表示。如：0.012、0.005 8、0.000 46 等，整数位数分别是负一位、负二位、负三位，分别用 −1 位、−2 位、−3 位表示。

需要注意的是，零位数和负位数都是根据纯小数小数点和后面第一个有效数字之间的 0 来确定的。有的同学容易把小数点前面的 0 也算在一起，把 0.25 看作 −1 位，把 0.012 看作 −2 位，学习中应当注意。

2. 积的定位法

常用的积的定位法有公式定位法、定档定位法和移档定位法三种。下面分别对这三种方法做一介绍。

（1）公式定位法。一般地，我们用 m 表示被乘数的整数位数，用 n 表示乘数的整数位数，如 $2\ 584 \times 367$ 中，$m = +4$，$n = +3$。用 S 表示乘积的整数位数，那么 S 与 m、n 之间有如下关系：

$S = m + n$ ①

$S = m + n - 1$ ②

那么，在什么情况下用公式①，在什么情况下用公式②呢？我们先来看下面两组例题：

第一组　　$7 \times 4 = 28$

　　　　　　（$m = +1$，$n = +1$，$S = +2$）

　　　　　　$628 \times 2 = 1\ 256$

　　　　　　（$m = +3$，$n = +1$，$S = +4$）

第二组　　$2 \times 4 = 8$
　　　　　　（m = +1，n = +1，S = +1）
　　　　　　$128 \times 2 = 256$
　　　　　　（m = +3，n = +1，S = +3）

从上例中可以看出：第一组用公式①，第二组用公式②，虽然两组被乘数和乘数的整数位数相同，但乘积的位数却不一样。

从第一组例子可以得出：当积的首位数字比被乘数或乘数的首位数字小时，用公式 S = m + n 定位。即当积的首位数字小于任何一个因数的首位数字时，积的整数位数等于两因数整数位数之和。

从第二组例子中可以得出：当积的首位数字比被乘数首位数字大时，用公式 S = m + n - 1 定位。即当积的首位数字大于任何一个因数的首位数字时，积的整数位数等于两因数整数位数之和减一。

我们再来看下面的一组例题：
第三组　　$12 \times 12 = 144$
　　　　　　（m = +2，n = +2，S = +3）
　　　　　　$10 \times 10 = 100$
　　　　　　（m = +2，n = +2，S = +3）

从第三组例子中可以看到：如果积的首位数字与两因数的首位数字相同时，则比较它们次位数的大小（如 $12 \times 12 = 144$）；次位再相同，还要比较它们的第三位数字，来确定用哪个公式来定位。如果向下无法进行比较（如 $10 \times 10 = 100$），则直接用公式 S = m + n - 1 定位。因数中出现纯小数时，比较的应是首位有效数字，而不是前面的 0。如 $0.014 \times 0.6 = 0.0084$，比较的是 8 和 1、6 的大小，用公式 S = m + n - 1 定位。

【例 2-3-4】　$4285 \times 736 \rightarrow 315376$

定位：积的首位数字 3 小于被乘数的首位数字 4，故用 S = m + n 定位。由于 m = +4，n = +3，S = +4 +（+3）= 7，所以，乘积应该为 3 153 760。

【例 2-3-5】　$159 \times 23 \rightarrow 3657$

定位：积的首位数字 3 大于乘数的首位数字 2，故用 S = m + n - 1 定位。由于 m = +3，n = +2，S = +3 +（+2）- 1 = 4，所以，乘积应为 3 657。

【例 2-3-6】　$32.98 \times 0.026 \rightarrow 85748$

定位：积的首位数字 8 大于乘数的首位数字 2，故用 S = m + n - 1 定位。由于 m = +2，n = -1，S = +2 +（-1）- 1 = 0，所以，乘积应为 0.857 48。

在等级鉴定及珠算比赛中，对乘积的小数部分都有取舍要求，因而，我们要熟练掌握定位方法，准确、迅速地判断出取舍幅度，运算至取舍幅度即可，不必做全部运算，也不必将乘积数字全部写出。比如：计算 32.98×0.026（保留两位小数），根据定位法确定乘积是零位数，那么运算至小数点后第三位即可，根据四舍五入，写出其积 0.86。

（2）定档定位法。定档定位法，就是在算盘上取一固定档作为标准档，本档上专拨两因数首位数字乘积的十位数，运算后根据本档上有无数字来确定乘积的整数位数的一种定位方法。

标准档应取在算盘的左端。一般取第一个定位点右边第一档。

① 运算后,如果标准档上有数字,积的整数位数就等于两因数整数位数之和,即 S = m + n。

【例 2-3-7】 748 × 536 → 400928

定位:标准档上有数字为 4,故用 S = m + n 定位。由于 m = +3,n = +3,S = +3 + (+3) = 6,所以,乘积为 400 928(如图 2-3-4 所示)。

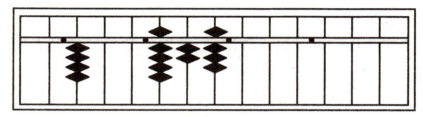

图 2-3-4

在有些情况下,两因数首位数字乘积的首位为 0,标准档上无数字,但在后几位的乘加中出现了进位,使标准档有了数字,这时仍用 S = m + n 定位。

【例 2-3-8】 346 × 0.32 → 11072

定位:标准档上有数字为 1,故用 S = m + n 定位。由于 m = +3, n = 0, S = +3 + 0 = 3,所以,乘积为 110.72(如图 2-3-5 所示)。

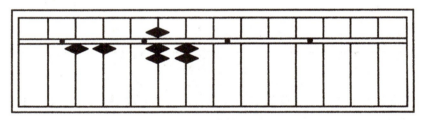

图 2-3-5

② 运算后,如果标准档上没有数字,积的整数位数就等于两因数整数位数之和减一,即 S = m + n − 1。

【例 2-3-9】 2.74 × 0.32 → 8768

定位:标准档上没有数字,用 S = m + n − 1 定位,由于 m = +1, n = 0, S = +1 + 0 − 1 = 0,所以,乘积为 0.876 8(如图 2-3-6 所示)。

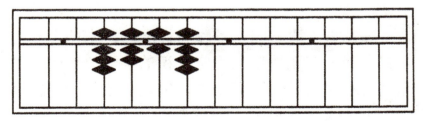

图 2-3-6

定档定位法定位快捷、准确,尤其使用于目前普遍适用的空盘乘法,因而,必须熟练掌握这种方法。

（3）移档定位法。**移档定位法**适用于置数的不隔位乘法。它是在置被乘数入盘后，根据乘数的整数位数定出积的个位档，从而确定积的大小。下面，我们做简单介绍。

① **乘数**是正位数，是正几位，被乘数的个位就向右移几档作为积的个位，从而读写出乘积。

【例 2-3-10】 $476 \times 38.27 \rightarrow 1821652$

定位：将被乘数 476 置于算盘上，因乘数 38.27 为正二位，被乘数个位向右移两档作为积的个位，运算后其积为 18 216.52（如图 2-3-7 所示）。

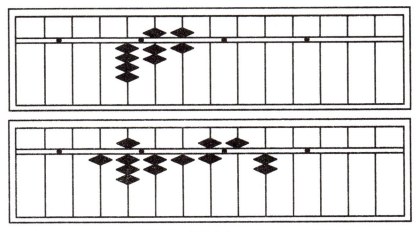

图 2-3-7

② 乘数是零位数，则被乘数的个位档就是积的个位，从而读写出乘积。

【例 2-3-11】 $476 \times 0.382\,7 \rightarrow 1821652$

定位：将被乘数 476 置于算盘上，因乘数 0.382 7 为零位，被乘数的个位不变，它也是乘积的个位，运算后确定其积为 182.165 2（如图 2-3-8 所示）。

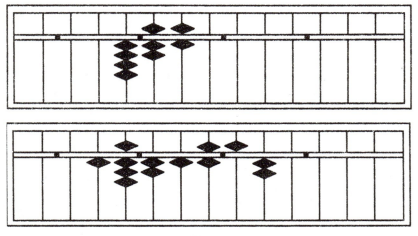

图 2-3-8

③ 乘数是负位数，是负几位，被乘数的个位就向左移几档，作为积的个位，从而读写乘积。

【例 2-3-12】 476×0.003 827→1821652

定位：被乘数 476 置于算盘上，因乘数 0.003 827 为负二位，被乘数的个位向左移两档作为积的个位，运算后确定其积为 1.821 652（如图 2-3-9 所示）。

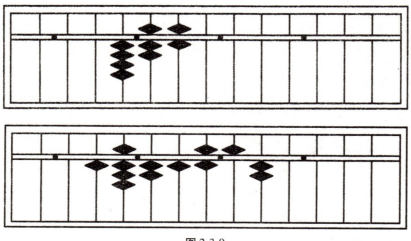

图 2-3-9

（四）多位数乘法

乘数是两位或两位以上的乘法叫作多位数乘法，如 273×246、584×0.35 等。珠算多位数乘法是把它化成一位数乘法，在不同档位上叠加。因为，我们学习了一位数乘法，多位数乘法也就迎刃而解了。本节着重介绍空盘前乘法。

前面我们介绍了一位数空盘前乘法，是用乘数依次与被乘数从首到末每一位相乘，边乘边加，直至乘完。多位数乘法道理与之相同，只是运算步骤较多且复杂一些。另外，准确掌握乘加的档位是学好多位数空盘前乘法的关键。

运用空盘前乘法，先用乘数的首位数字与被乘数的每一位相乘，在标准档上拨上乘数与被乘数首位乘积的十位数，以后与每一位被乘数乘积的十位数，逐位向右移，直至乘完，再用乘数的次位数与被乘数的每一位相乘。应注意的是，次位乘数与被乘数首位数字乘积的十位数要拨在标准档起右边的第二档上，以后逐位向右。然后用乘数的第三位、第四位……依次与被乘数相乘，边乘边加，方法同上（如图 2-3-10 所示）。

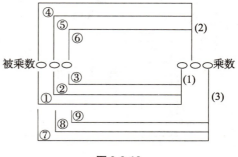

图 2-3-10

【例 2-3-13】 647×58＝37 526

（1）乘数首位 5 与被乘数 647 相乘。

① 五六 30（如图 2-3-11 所示）。

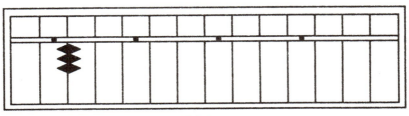

图 2-3-11

② 五四 20（如图 2-3-12 所示）。

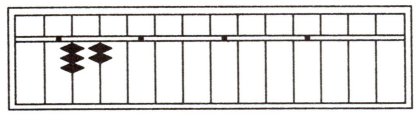

图 2-3-12

③ 五七 35（如图 2-3-13 所示）。

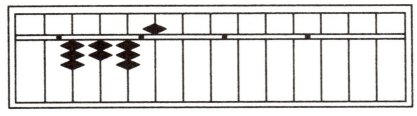

图 2-3-13

（2）乘数次位 8 与被乘数 647 相乘。

① 八六 48 从第二位起乘加（如图 2-3-14 所示）。

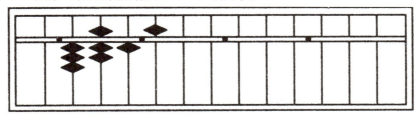

图 2-3-14

② 八四 32（如图 2-3-15 所示）。

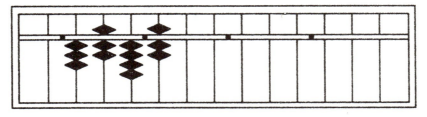

图 2-3-15

③ 八七 56（如图 2-3-16 所示）。

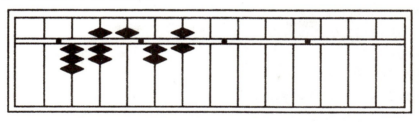

图 2-3-16

二、破头乘法

破头乘法是一种置数乘法。由于两因数相乘时需要破掉被乘数的本档算珠而变成积，因而叫作破头乘法。其运算方法是：先将被乘数置入算盘的左端，然后用乘数由首至末的每一位，分别与被乘数由末至首的每一位相乘，乘数的首位与被乘数每位的乘积的十位数拨在被乘数的本档，即改变本档算珠而得到。接着逐位右移，边乘边加，直到乘完（如图 2-3-17 所示）。

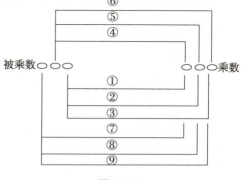

图 2-3-17

【例 2-3-14】 746×285＝212 610

（1）先将被乘数 746 置入盘左。

（2）乘数 285 分别与被乘数末位六相乘。

① 二六 12，改六为 1，逐位右移。

② 八六 48。

③ 五六 30。

（3）乘数 285 分别与被乘数末二位四相乘。

① 二四 08，改四为 0，逐位右移。

② 八四 32。

③ 五四 20。

（4）乘数 285 分别与被乘数末三位七相乘。

① 二七 14，改七为 1，逐位右移。

② 八七 56。

③ 五七 35。

定位：被乘数个位右移三档即得个位档。

运用破头乘法，先将被乘数置于盘上，看数比空盘乘法容易些。但在运算中，第一次相乘就要破掉被乘数的本档算珠，所以，仍需要牢记被破掉的被乘数，口诀使用"大九九"。

【例 2-3-15】 20.18×0.37＝7.466 6

（1）先将被乘数 20.18 置入盘左。

（2）乘数 37 分别与被乘数末位八相乘。

① 三八 24，改八为 2，逐位右移。

② 七八 56。
（3）乘数 37 分别与被乘数末次位一相乘。
① 三一 03，改一为 0，逐位右移。
② 七一 07。
（4）乘数 37 与 0 不需要乘。
（5）乘数 37 分别与被乘数末四位二相乘。
① 三二 06，改二为 0，逐位右移。
② 七二 14。
定位：积的个位档即被乘数的个位档。

在【例 2-3-15】中可以看到：由于乘数首位与被乘数每位乘积的十位是从被乘数本档而得，因而，档位容易掌握，尤其它不受被乘数中 0 的影响，初学者适用破头乘，特别是难度较大的算题，准确率要比空盘乘法高一些。

另外，当用 1 去乘一个数时，不必进行实乘，如【例 2-3-15】中的第③、④步，而只要在相应的位置上加上这个数即可。

【例 2-3-16】　614 × 0.040 28 = 24.731 92
（1）先将被乘数 614 置入盘左。
（2）乘数 4028 分别与被乘数末位四相乘。
① 四四 16，改四为 1，逐位右移。
② 0 不乘，档位右移，二四 08。
③ 八四 32。
（3）乘数 4028 与被乘数末二位一相乘，直加不必实乘。
（4）乘数 4028 分别与被乘数末三位六相乘。
① 四六 24，改六为 2，逐位右移。
② 0 不乘，档位右移，二六 12。
③ 八六 48。
定位：被乘数个位左移一位即为积的个位档。

破头乘法首先要置被乘数入盘，需要一定的时间，因而运算速度不及空盘前乘法快，但乘加时容易对准位，准确率较高。只要正确把握其规律，坚持刻苦训练，也能使其运算速度有所提高。所以，破头乘法目前仍被广泛应用。

在破头乘法中，由于第一次相乘便要改变被乘数本档为积首，因而容易忘掉被乘数本档算珠，给记数增添了麻烦。

 阅读资料

小知识：珠算乘法

一、原始乘法

我国乘法在用九九口诀计算之前，属原始乘法。是由累加累减进行的，至于九九口诀则是后来改进而成。

二、基本乘法

九九口诀在我国有悠久的历史，春秋战国时即已应用。古代只有 36 句，后来逐步发展为45句(小九九)和81句(大九九)。实践表明,应用"大九九"比应用"小九九"效果好。

实训练习

（一）用空盘前乘法计算下列一位乘法

(1) 589 ×2 =

(2) 4 219 ×2 =

(3) 625 ×3 =

(4) 2 578 ×3 =

(5) 327 ×4 =

(6) 1 956 ×4 =

(7) 814 ×5 =

(8) 2 137 ×5 =

(9) 702 ×6 =

(10) 1 938 ×6 =

(11) 458 ×7 =

(12) 2 069 ×7 =

(13) 325 ×8 =

(14) 4 895 ×8 =

(15) 681 ×9 =

(16) 1 407 ×9 =

(17) 27 036 ×7 =

(18) 30 589 ×4 =

(19) 81 704 ×5 =

(20) 10 735 ×6 =

（二）数位与定位练习

1. 指出下列各数的位数。

(1) 25 007

(2) 10 264

(3) 0.685

(4) 1.414

(5) 32.005 9

(6) 0.080 7

(7) 4.105 3

(8) 513.01

(9) 0.000 107

(10) 20 086

2. 分别对下列各题进行定位。

(1) 4.25 ×5.16→2193

(2) 0.042 5×51.6→2193

(3) 4 250×5 160→2193

(4) 0.425×0.516→2193

(5) 31.4×28 000→8792

(6) 0.031 4×0.28→8792

(7) 3 140×0.028→8792

(8) 374×7.28→272272

(9) 3.74×0.072 8→272272

(10) 0.374×72 800→272272

3. 计算下列各题并进行定位。

(1) 2 679×8 000 =

(2) 0.873 2×0.006 =

(3) 4.79×0.07 =

(4) 24 680×500 =

(5) 3 017×0.04 =

(6) 57.75×3 =

(7) 1 509×0.8 =

(8) 4 367×900 =

(9) 6.25×8 000 =

(10) 71.93×0.5 =

(三) 用空盘前乘法计算下列各题

(1) 435×672 =

(2) 729×518 =

(3) 526×703 =

(4) 218×306 =

(5) 802×306 =

(6) 963×107 =

(7) 2 538×2 745 =

(8) 647×0.726 =

(9) 0.853×0.449 =

(10) 7 023×1 064 =

(11) 6 005×0.042 8 =

(12) 37×0.508 9 =

(13) 2 007×4 063 =

(14) 0.059×0.062 8 =

(15) 8 502×2 058 =

(16) 16 303×7 006 =

(四) 用破头乘法计算下列各题

(1) 347×209 =

(2) $0.752 \times 4.33 =$

(3) $82.56 \times 0.45 =$

(4) $538 \times 0.00702 =$

(5) $5432 \times 4887 =$

(6) $350.6 \times 20.09 =$

(7) $0.051 \times 7428 =$

(8) $30904 \times 0.068 =$

(9) $2053 \times 19.06 =$

(10) $0.745 \times 10.74 =$

三、简捷乘法

掌握了乘法的基本运算之后,为了进一步提高运算速度,可以利用某些数字,在一定的条件下,能够简化运算程序,减少拨珠次数,从而达到既快又准的目的,这便是简捷乘法。采用简捷乘法,可以缩短计算时间,简化计算步骤。

1. 补数乘法

凡是两数相乘,其中有一个数接近10的n次方,而被乘数(或乘数)的各位数字均在5以上时,适合用补数加乘法。

【例2-3-17】 9876×789

根据本题特点,被乘数及乘数均接近10的n次方,因此可以将被乘数9876看作$(10000-124)$,将乘数789看作$(1000-211)$,求出被乘数9876的补数为124,而乘数789的补数为211,根据数学原理,计算得:

9876×789

$= 9876 \times (1000 - 211)$

$= 9876000 - (10000 - 124) \times 211$

$= 9876000 + (100 + 20 + 4) \times 211 - 10000 \times 211$

$= 9876000 + (844 + 4220 + 21100) - 2110000$

$= 9876000 + 36164 - 2110000$

$= 7792164$

由数学原理,其计算步骤如下:

(1) 固定个位档,然后拨入9876000即9876×1000(如图2-3-18所示)。

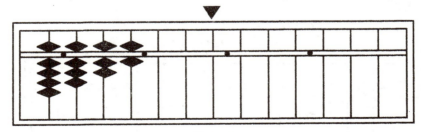

图2-3-18

(2) 以固定个位档为基点,拨入被乘数的补数与乘数的补数的乘积36164,即124×211

得 9 902 164（如图 2-3-19 所示）。

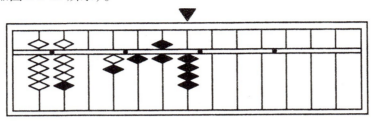

图 2-3-19

（3）从第二步的结果中减去乘数的补数，即 10 000×211＝21 100 000，得 9 902 164 − 2 110 000＝7 792 164（如图 2-3-20 所示）。

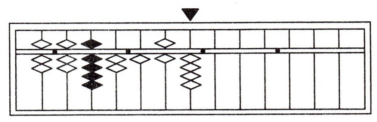

图 2-3-20

2. 补数减乘法

凡乘数（或被乘数）接近 10 的 n 次方，而被乘数（或乘数）的各位数字均在 5 以下时（允许个别位数字超过 5），适合用补数减乘法。

【例 2-3-18】 2 635×897

根据本题特点，乘数 897 接近 10 的 n 次方，因此可以将 897 看作（1 000−103），根据数学原理，计算得：

  2 635×897
 ＝2 635×(1 000−103)
 ＝2 635×(1 000−100−3)
 ＝2 635×1 000−2 635×100−2 635×3
 ＝2 635 000−263 500−7 905
 ＝2 371 500−7 905
 ＝2 363 595

计算步骤如下：

(1) 固定个位档，拨入 2 635 000，即 2 635×1 000（如图 2-3-21 所示）。

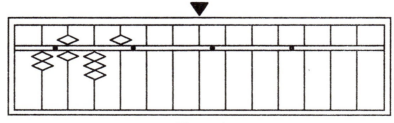

图 2-3-21

（2）根据固定的个位档，减去第一被减数263500，得：2371500（如图2-3-22所示）。

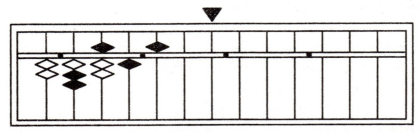

图2-3-22

（3）根据固定的个位档，减去第二被减数7905，得：2363595（如图2-3-23所示）。

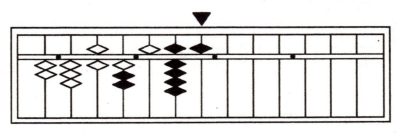

图2-3-23

四、省乘法

省乘法就是根据近似计算的原理，在做小数乘法时把对求精确度没有作用的步骤省去，用以提高计算的效率。

在我们的日常工作中，经常会遇到多位小数相乘的情况，而乘积往往只要求精确到小数位后的一两位或精确到整数位。如果将小数部分的数都计算出来，然后再精确，就加大了工作量，因此，采用省乘法，旨在把计算截止在不影响精确度的档次上。

在省乘法中，首先要明确三个概念，即压尾档、压尾珠和运算档位。

（1）压尾档：从左一档确定运算截止档，运算截止档的下一档即为压尾档。

（2）压尾珠：压尾档上算珠全部靠梁为压尾珠。

（3）运算档位：

运算档位 = m + n + f + 1

其中：m——被乘数的位数；

　　　n——乘数的位数；

　　　f——预定精确度；

　　　1——精确度的保险系数。

在省乘法中，最重要的是先要确定运算档位，将被乘数布入盘中；然后确定压尾档；在压尾档拨上压尾珠，而且在乘加各单积时，落在压尾档上的数四舍五入，余下各档都省去不乘。其基本的算法与一般的乘法相同。省乘法的计算步骤如下：

（1）确定运算档位。

（2）确定压尾档。

（3）拨上压尾珠。

（4）在乘加各单积时，落在压尾档上的数四舍五入，余下各档都省去不乘。

【例 2-3-19】 8.382 439 × 0.382 911 3 = 3.21（精确到 0.01，用公式定位法）

计算步骤如下：

（1）根据公式计算运算档位，将截取后的被乘数布于盘右边。

运算档位 = m + n + f + 1 = 1 + 0 + 2 + 1 = 4（位），故截取被乘数 4 位为 8382；乘数也截取 4 位为 3 829，布于算盘左边（如图 2-3-24 所示）。

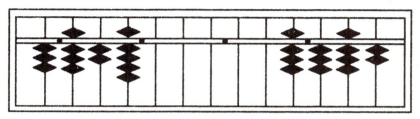

图 2-3-24

（2）被乘数末位 2 与乘数 3 相乘等于 06，截止档的下档为 6，应进 1（如图 2-3-25 所示）。

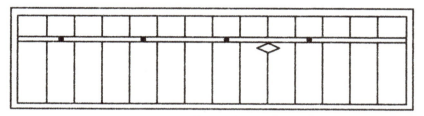

图 2-3-25

（3）被乘数末二位 8 与乘数 38 相乘等于 304，截止档的下档为 4，省略（如图 2-3-26 所示）。

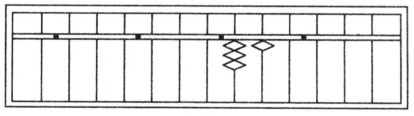

图 2-3-26

（4）被乘数末三位 3 与乘数 382 相乘等于 1146，截止档的下档为 6，应进 1（如图 2-3-27 所示）。

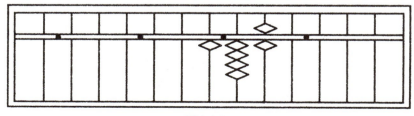

图 2-3-27

(5)被乘数的首位 8 与乘数 3829 相乘等于 30632,截止档的下档为 2,省略(如图 2-3-28 所示)。

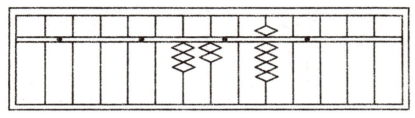

图 2-3-28

(6)计算完毕,盘上为 3209(如图 2-3-28 所示),该题要求精确到 0.01,所以 3.21 为所求的积。

【例 2-3-20】 7.239 47 × 3.141 56 = 22.74

(1)首先,将乘数布于算盘左边,再将被乘数布于算盘右侧,将被乘数的个位档向右移一个格,作为乘积的个位档。

运算档位 = m + n + f + 1 = 1 + 1 + 2 + 1 = 5(位),故截取被乘数 5 位为 72395;乘数也截取 5 位为 31416 布于算盘左边(如图 2-3-29 所示)。

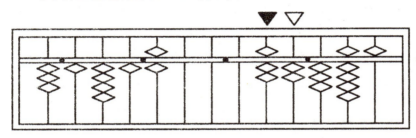

图 2-3-29

(2)被乘数末位 5 与乘数首位 3 相乘等于 15,截止档的下档为 5,应进 1(如图 2-3-30 所示)。

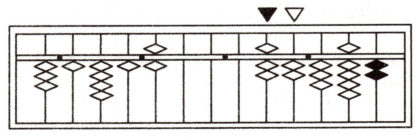

图 2-3-30

(3)被乘数末二位 9 与乘数首位 31 相乘等于 279,截止档的下档为 9,应进 1(如图 2-3-31 所示)。

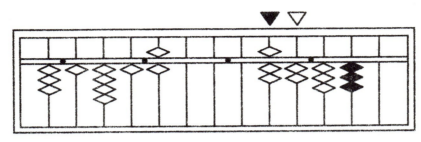

图 2-3-31

（4）被乘数末三位 3 与乘数首位 314 相乘等于 942，截止档的下档为 2，省略（如图 2-3-32 所示）。

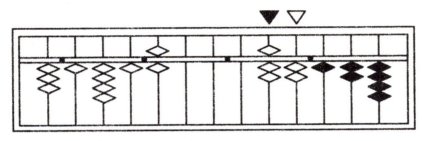

图 2-3-32

（5）被乘数末四位 2 与乘数首位 3141 相乘等于 6282，截止档的下档为 2，省略（如图 2-3-33 所示）。

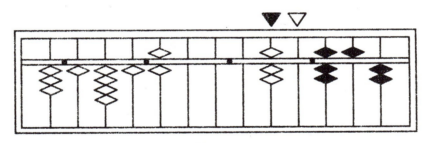

图 2-3-33

（6）被乘数末五位 7 与乘数首位 31416 相乘等于 219912，截止档的下档为 2，省略（如图 2-3-34 所示）。

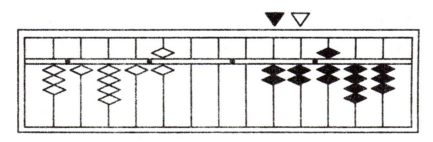

图 2-3-34

(7) 计算完毕,盘上数由72395变为22743,该题要求精确到0.01,所以22.74为所求的积。

五、连乘法

连乘法就是两个以上的数连续相乘求出积数的方法。连乘的方法的运算性质同乘法一样,运算顺序也同乘法一样。运算时,一般是先将第一、第二两个数相乘,求出它们的积,然后再按这种方法,依次乘上后面的数,直至乘上最后一个数。连乘法也可以利用某些数字在一定条件下能够简化运算程序,减少拨珠次数,从而达到既快又准的目的。

交换律:

【例 2-3-21】 $125 \times 25 \times 8 \times 21$

$125 \times 25 \times 8 \times 21$
$= 125 \times 8 \times 25 \times 21$
$= 1\,000 \times 25 \times 21$
$= 25\,000 \times 21$
$= 525\,000$

结合律:

【例 2-3-22】 $55 \times 5 \times 6 \times 620 \times 6$

$55 \times 5 \times 6 \times 620 \times 6$
$= [55 \times (5 \times 6)] \times (620 \times 6)$
$= (55 \times 30) \times 3\,720$
$= 1\,650 \times 3\,720$
$= 6\,138\,000$

分配律:

【例 2-3-23】 $56\,737 \times 85$

$56\,737 \times 85$
$= (50\,000 + 6\,000 + 700 + 30 + 7) \times 85$
$= 50\,000 \times 85 + 6\,000 \times 85 + 700 \times 85 + 30 \times 85 + 7 \times 85$
$= 4\,250 + 510\,000 + 59\,500 + 2\,550 + 595$
$= 4\,822\,645$

实训练习

1. 补数乘法练习(计算结果保留两位小数)。

(1) $992.21 \times 125 =$

(2) $948 \times 956 =$

(3) $976 \times 320.25 =$

(4) $798 \times 952 =$

(5) $879.12 \times 156.28 =$

(6) $986 \times 210 =$

(7) 965×325＝

(8) 895.21×169.01＝

(9) 987×879＝

(10) 798×987＝

(11) 963.25×890.65＝

(12) 698×960＝

2．省乘法练习（计算结果保留两位小数）。

(1) 2.451 2×555.124 61＝

(2) 25.035×2.351 89＝

(3) 33.146 2×651.243 16＝

(4) 3 651.235 07×9 854.218 7＝

(5) 120.103 465×21.024 516 2＝

(6) 2.021×9.154 780 3＝

(7) 210.541 80×320.148 792＝

(8) 105.622×48.592 1＝

(9) 1.024 87×987 210.51＝

(10) 3 621.021×5.108 795＝

(11) 14.201 5×358.154 2＝

(12) 65.218 74×32.025 61＝

3．连乘法练习（计算结果保留两位小数）。

(1) 25×36×25＝

(2) 42×7×63＝

(3) 24×31×64＝

(4) 68.1×22.3×0.5＝

(5) 1.2×48×72＝

(6) 3.9×68.4×21＝

(7) 55×38×94＝

(8) 72.3×8.1×21.7＝

(9) 34×55×32＝

(10) 9.03×0.01×4.28＝

(11) 987×5×13＝

(12) 250×24×50＝

六、珠算、心算结合乘法

人的手指拨珠频率是有限的，为了突破这个极限，近年来，我国珠算界提出心算和珠算相结合的一些先进算法，以通过减少拨珠动作来提高运算速度。

（一）一口清运算法

"一口清运算法"，是根据乘法九九口诀表中2～9倍乘积的个位和进位规律进行乘法运算的一种速算方法。

1. 个位规律(取九九乘法表中的个位数)

本个数乘数 \ 被乘数	0 1 2 3 4 5 6 7 8 9	个位规律
2	0 2 4 6 8 0 2 4 6 8	自倍取个
3	0 3 6 9 2 5 8 1 4 7	偶补倍,奇补倍±5
4	0 4 8 2 6 0 4 8 2 6	偶补奇凑
5	0 5 0 5 0 5 0 5 0 5	偶0奇5
6	0 6 2 8 4 0 6 2 8 4	偶自身,奇自身±5
7	0 7 4 1 8 5 2 9 6 3	偶自倍,奇自倍±5
8	0 8 6 4 2 0 8 6 4 2	补自倍取个
9	0 9 8 7 6 5 4 3 2 1	自身补数

上表中：

自倍，指自身加倍；

取个，指取个位数；

补倍，指补数加倍；

凑，指凑数，两个一位数之和等于5或15，称互为凑数，共5对，1和4、2和3、5和0、6和9、7和8；

±5，经过心算，被乘数变化后要加5或减5，小于5时加5，大于5时减5。

2. 进位规律

乘数	进 位 规 律
2	满5进1
3	超3进1　超6进2
4	满25进1　满5进2　满75进3
5	满2进1　满4进2 满6进3　满8进4 } 满偶进半
6	超16进1　超3进2 满5进3　超6进4　满83进5
7	超142 857进1　超285 714进2 超428 571进3　超571 428进4 超714 285进5　超857 142进6
8	满125进1　满25进2 满375进3　满5进4 满625进5　满75进6　满875进7
9	超循环几则进几，即超n进n。1≤n≤8

上表中：

满，指"大于"或"等于"；

超,指大于;

n,指循环 n,循环数无论有几位(包括只有一位的),均以循环数后边的异数大小来判断超或不超,超则按进位数进,不超则用进位数减去1再进。

根据乘法规律,多位数乘以一位数时,积的个位数字都是由本位乘积的个位数和后位乘积的进位数组成的,这就是"本个"(即本位的个位数)加"后进"(即后位乘积的进位数),满10只取和的个位数,就是积的个位数。

【例 2-3-24】 854×3 = 2 562

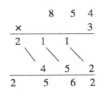

根据单倍速算法要求,从高位算起,提前进位,千位的2是百位的进位数;百位的5是百位的本个4加十位的进位数1;十位的6是十位的本个5加个位的进位数1;个位的2,是4×3的本个数。

现按照难易程度将2~9倍的速算方法分别介绍如下:

一位数乘以多位数,计算前,在被乘数头位前,补一个"0",从左向右,高位算起。

(1) 2倍的速算法。1~9分别乘以2,乘积分别是:

被乘数	1	2	3	4	5	6	7	8	9
积数	2	4	6	8	10	12	14	16	18

一个数乘以2,就是每个数自身相加的个位数。当5~9乘以2时,都进"1"。进位规律是:"满5进1"。

【例 2-3-25】 2 538×2 = 5 076

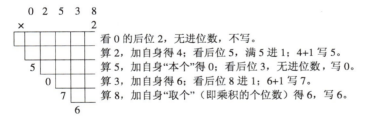

看0的后位2,无进位数,不写。
算2,加自身得4;看后位5,满5进1;4+1写5。
算5,加自身"本个"得0;看后位3,无进位数,写0。
算3,加自身得6;看后位8进1;6+1写7。
算8,加自身"取个"(即乘积的个位数)得6,写6。

【例 2-3-26】 9 983×2 = 19 966

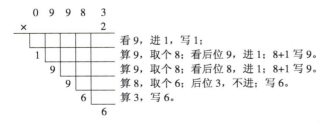

看9,进1,写1;
算9,取个8;看后位9,进1;8+1写9。
算9,取个8;看后位8,进1;8+1写9。
算8,取个6;后位3,不进;写6。
算3,写6。

(2) 5 倍的速算法。1~9 分别乘以 5，乘积分别是：

被乘数	1	2	3	4	5	6	7	8	9
积数	5	10	15	20	25	30	35	40	45

单数乘以 5，"本个"都是 5；双数乘以 5，"本个"都是 0。所以 5 的个位规律是"单 5 双 0"。5 的进位规律是：

2、3 乘以 5 进 1，"满 2 进 1"；

4、5 乘以 5 进 2，"满 4 进 2"；

6、7 乘以 5 进 3，"满 6 进 3"；

8、9 乘以 5 进 4，"满 8 进 4"。

也可记"双数进半，单数减一进半"。

【例 2-3-27】　264×5＝1 320

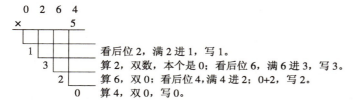

【例 2-3-28】　4 789×5＝23 945

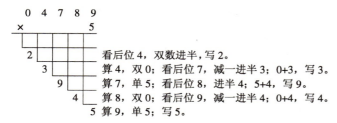

(3) 4 倍的速算法。1~9 分别乘以 4，乘积分别是：

被乘数	1	2	3	4	5	6	7	8	9
积数	4	8	12	16	20	24	28	32	36

从表中积的个位数发现：1、3、5 乘以 4 的积，积的个位数正是被乘数的"凑数"；2、4、6、8 乘以 4 的积，积的个位数正是被乘数的"补数"。所以 4 倍的个位规律是：1、3、5 找凑，双数就找补；遇到 7 和 9，减 5 再找补。4 的进位规律(有的要看后两位)是："满 25 进 1""满 5 进 2""满 75 进 3"。

【例 2-3-29】　1 279×4＝5 116

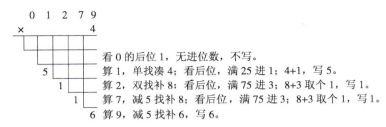
看 0 的后位 1，无进位数，不写。
算 1，单找凑 4；看后位，满 25 进 1；4+1，写 5。
算 2，双找补 8；看后位，满 75 进 3；8+3 取个 1，写 1。
算 7，减 5 找补 8；看后位，满 75 进 3；8+3 取个 1，写 1。
算 9，减 5 找补 6，写 6。

【例 2-3-30】 $3\,847 \times 4 = 15\,388$

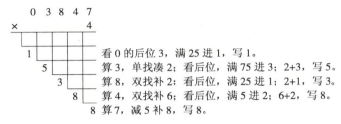
看 0 的后位 3，满 25 进 1，写 1。
算 3，单找凑 2；看后位，满 75 进 3；2+3，写 5。
算 8，双找补 2；看后位，满 25 进 1；2+1，写 3。
算 4，双找补 6；看后位，满 5 进 2；6+2，写 8。
算 7，减 5 补 8，写 8。

(4) 3 倍的速算法。1~9 分别乘以 3，乘积分别是：

被乘数	1	2	3	4	5	6	7	8	9
积数	3	6	9	12	15	18	21	24	27

3 倍的个位规律可利用乘法口诀直接取积的个位数。

3 倍的进位规律是："超 3 进 1，超 6 进 2"（3 表示 333……，6 表示 666……），计算时，如果在被乘数的某位后面出现连续几个 3，再看它的后一位，若大于 3，就叫"超 3"，应向前进 1；若小于 3，不进。同样，如果在被乘数的某位后面连续出现几个 6，再看后一位，若超过 3（但小于 6），照"超 3 进 1"算；若超过 6，应向前进 2。

【例 2-3-31】 $134 \times 3 = 402$

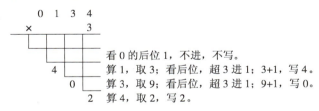
看 0 的后位 1，不进，不写。
算 1，取 3；看后位，超 3 进 1；3+1，写 4。
算 3，取 9；看后位，超 3 进 1；9+1，写 0。
算 4，取 2，写 2。

【例 2-3-32】 $267 \times 3 = 801$

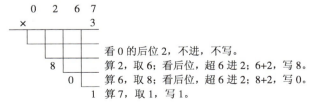
看 0 的后位 2，不进，不写。
算 2，取 6；看后位，超 6 进 2；6+2，写 8。
算 6，取 8；看后位，超 6 进 2；8+2，写 0。
算 7，取 1，写 1。

(5) 9 倍的速算法。1~9 分别乘以 9 时，被乘数与积的"本个数"对应关系如下：

被乘数	1	2	3	4	5	6	7	8	9
	↓	↓	↓	↓	↓	↓	↓	↓	↓
积的"本个数"	9	8	7	6	5	4	3	2	1

可见,积的"本个数"正好是被乘数的"补数"。所以9的个位规律是:"9全补"。
9倍的进位规律是"超几进几"。

【例2-3-33】 $345 \times 9 = 3\,105$

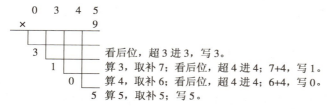

看后位,超3进3,写3。
算3,取补7;看后位,超4进4;7+4,写1。
算4,取补6;看后位,超4进4;6+4,写0。
算5,取补5;写5。

【例2-3-34】 $7\,654 \times 9 = 68\,886$

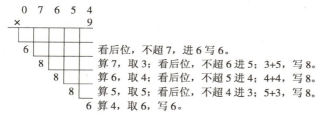

看后位,不超7,进6写6。
算7,取3;看后位,不超6进5;3+5,写8。
算6,取4;看后位,不超5进4;4+4,写8。
算5,取5;看后位,不超4进3;5+3,写8。
算4,取6,写6。

(6) 6倍的速算法。1～9分别乘以6时,被乘数与积的"本个个数"对应关系如下:

被乘数	1	2	3	4	5	6	7	8	9
	↓	↓	↓	↓	↓	↓	↓	↓	↓
积的"本个数"	6	2	8	4	0	6	2	8	4

可见,双数的"本个数"还是被乘数自身;单数的"本个数"等于被乘数自身再加5(超十的舍十取个),所以6倍的个位规律是:"双不变,单加5"。

6倍的进位规律是:"超16进1,超3进2,满5进3,超6进4,超83进5"。

【例2-3-35】 $567 \times 6 = 3\,402$

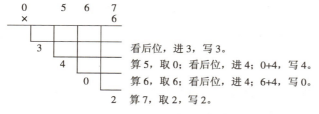

看后位,进3,写3。
算5,取0;看后位,进4;0+4,写4。
算6,取6;看后位,进4;6+4,写0。
算7,取2,写2。

【例2-3-36】 $3\,214 \times 6 = 19\,284$

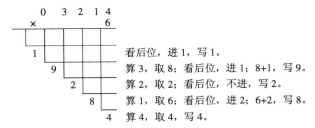

（7）8倍的速算法。1~9分别乘以8时，被乘数与积的"本个数"对应关系如下：

被乘数　　　　　1 2 3 4 5 6 7 8 9
　　　　　　　　⋮ ⋮ ⋮ ⋮ ⋮ ⋮ ⋮ ⋮ ⋮
积的"本个数"　　8 6 4 2 0 8 6 4 2

可见，积的"本个数"是被乘数自身"补数"的2倍，所以8倍的个位规律是："8补倍"。并与2倍的个位规律互逆（8的顺序是8、6、4、2，而2的顺序是2、4、6、8）。

8倍的进位规律是：满125进1，满25进2，满375进3，满5进4；满625进5，满75进6，满875进7。

凡是不满大数的，就按满小数的进位规律计算。如49就不能按满5进4，只能进3；374不能进3，只能进2，余类推。

【例2-3-37】　374×8 = 2 992

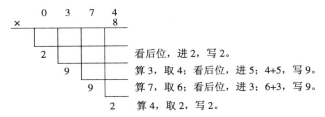

【例2-3-38】　9 018×8 = 72 144

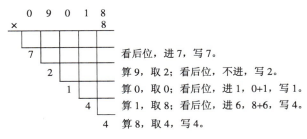

（8）7倍的速算法。1~9分别乘以7时，被乘数与积的"本个数"对应关系如下：

被乘数　　　　　1 2 3 4 5 6 7 8 9
　　　　　　　　⋮ ⋮ ⋮ ⋮ ⋮ ⋮ ⋮ ⋮ ⋮
积的"本个数"　　7 4 1 8 5 2 9 6 3

可见，双数乘以7，其积的个位数正好是被乘数自身相加之和的个位数；单数乘以7，其积的个位数是被乘数相加后再加5之和的个位数。所以7倍的个位规律是：双加倍；单加倍，再加5。7倍的个位规律与3倍的个位规律之间有互逆和互补关系（即7倍的是

741852963,3 倍是 369258147)。

7 倍的进位规律是:超 142857 进 1,超 285714 进 2,超 428571 进 3,超 571428 进 4,超 714285 进 5,超 857142 进 6。

"142857"中,28 是 14 的 2 倍,57 是 28 的 2 倍多 1。在实际运算中,很少遇到这样长的循环数,绝大多数,只要看一、二、三位数就能判断出"超几"或"不超"。若遇到六位循环数时,第七位大于头位才算"超",小于或等于头位算"不超"。

【例 2-3-39】 $151 \times 7 = 1\,057$

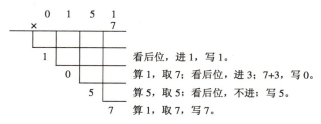

看后位,进1,写1。
算1,取7;看后位,进3;7+3,写0。
算5,取5;看后位,不进;写5。
算1,取7,写7。

【例 2-3-40】 $4\,385 \times 7 = 30\,695$

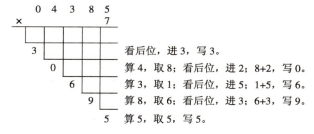

看后位,进3,写3。
算4,取8;看后位,进2;8+2,写0。
算3,取1;看后位,进5;1+5,写6。
算8,取6;看后位,进3;6+3,写9。
算5,取5,写5。

如果熟练地掌握 2~9 倍的个位和进位规律,在多位数乘算中,就能边算边得数,逐位脱口得出积数,做到俗称的"一口清",大大提高运算速度。

现用算盘图式举例说明如下:

【例 2-3-41】 $61\,842 \times 79\,305 = 4\,904\,379\,810$

采用空盘前乘法,将逐位的乘积通过心算"一口清"拨入算盘相加后,即得所求的积数。

心算逐位拨入算盘:

```
4 3 2 8 9 4 (0 6 1 8 4 2×7)
  5 5 6 5 7 8 (0 6 1 8 4 2×9)
    1 8 5 5 2 6 (0 6 1 8 4 2×3)
      3 0 9 2 1 0 (0 6 1 8 4 2×5)
```

4 9 0 4 3 7 9 8 1 0(如图 2-3-35 所示)

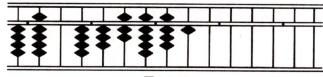

图 2-3-35

公式定位:$5 + 5 = 10$,则积为:4 904 379 810。

【例 2-3-42】 $305\,972 \times 26\,184 = 8\,011\,570\,848$

心算逐位拨入算盘：
０６１１９４４（０３０５９７２×２）
　１８３５８３２（０３０５９７２×６）
　　０３０５９７２（０３０５９７２×１）
　　　２４４７７７６（０３０５９７２×８）
　　　　１２２３８８８（０３０５９７２×４）

８０１１５７０８４８（如图 2-3-36 所示）

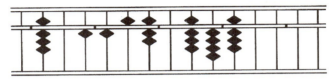

图 2-3-36

公式定位：$6+5-1=10$，则积为 8 011 570 848。

如熟练掌握"双九九"口诀和单倍速算规律，不仅能够大大提高乘法的运算速度，也为除算打下扎实基础，将对除法运算能力的提高有很大好处。

（二）"双九九"乘法

"大九九"口诀只是两个一位数相乘的乘积编成的口诀，在进行乘算时，其运算速度将受到一定限制。若把 11～99 两位数和 2～9 倍的乘积编成口诀，结合心算进行，则运算速度就能成倍提高。这种口诀就叫"双九九"口诀，或称"大九九"口诀。采用"双九九"口诀进行乘算，就叫"双九九乘法"，或称"九九九乘法"。"双九九"乘法口诀见表 2-3-3 ～ 表 2-3-11。

1. "双九九"（或九九九）乘法口诀表

表 2-3-3 "双九九"乘法口诀（一）

	二	三	四	五	六	七	八	九
11	11 二 022	11 三 033	11 四 044	11 五 055	11 六 066	11 七 077	11 八 088	11 九 099
12	12 二 024	12 三 036	12 四 048	12 五 060	12 六 072	12 七 084	12 八 096	12 九 108
13	13 二 026	13 三 039	13 四 052	13 五 065	13 六 078	13 七 091	13 八 104	13 九 117
14	14 二 028	14 三 042	14 四 056	14 五 070	14 六 084	14 七 098	14 八 112	14 九 126
15	15 二 030	15 三 045	15 四 060	15 五 075	15 六 090	15 七 105	15 八 120	15 九 135
16	16 二 032	16 三 048	16 四 064	16 五 080	16 六 096	16 七 112	16 八 128	16 九 144
17	17 二 034	17 三 051	17 四 068	17 五 085	17 六 102	17 七 119	17 八 136	17 九 153
18	18 二 036	18 三 054	18 四 072	18 五 090	18 六 028	18 七 126	18 八 144	18 九 162
19	19 二 038	19 三 057	19 四 076	19 五 095	19 六 114	19 七 133	19 八 152	19 九 171

表 2-3-4 "双九九"乘法口诀(二)

	二	三	四	五	六	七	八	九
21	21二 042	21三 063	21四 084	21五 105	21六 126	21七 147	21八 168	21九 189
22	22二 044	22三 066	22四 088	22五 110	22六 132	22七 154	22八 176	22九 198
23	23二 046	23三 069	23四 092	23五 115	23六 138	23七 161	23八 184	23九 207
24	24二 048	24三 072	24四 096	24五 120	24六 144	24七 168	24八 192	24九 216
25	25二 050	25三 075	25四 100	25五 125	25六 150	25七 175	25八 200	25九 225
26	26二 052	26三 078	26四 104	26五 130	26六 156	26七 182	26八 208	26九 234
27	27二 054	27三 081	27四 108	27五 135	27六 162	27七 189	27八 216	27九 243
28	28二 056	28三 084	28四 112	28五 140	28六 168	28七 196	28八 224	28九 252
29	29二 058	29三 087	29四 116	29五 145	29六 174	29七 203	29八 261	29九 261

表 2-3-5 "双九九"乘法口诀(三)

	二	三	四	五	六	七	八	九
31	31二 062	31三 093	31四 124	31五 155	31六 186	31七 217	31八 248	31九 279
32	32二 064	32三 096	32四 128	32五 160	32六 192	32七 224	32八 256	32九 288
33	33二 066	33三 099	33四 132	33五 165	33六 198	33七 231	33八 264	33九 297
34	34二 068	34三 102	34四 136	34五 170	34六 204	34七 238	34八 272	34九 306
35	35二 070	35三 105	35四 140	35五 175	35六 210	35七 245	35八 280	35九 315
36	36二 072	36三 108	36四 144	36五 180	36六 216	36七 252	36八 288	36九 324
37	37二 074	37三 111	37四 148	37五 185	37六 222	37七 259	37八 296	37九 333
38	38二 076	38三 114	38四 152	38五 190	38六 228	38七 266	38八 304	38九 342
39	39二 078	39三 117	39四 156	39五 195	39六 234	39七 273	39八 312	39九 351

表 2-3-6 "双九九"乘法口诀(四)

	二	三	四	五	六	七	八	九
41	41二 082	41三 123	41四 164	41五 205	41六 246	41七 287	41八 328	41九 369
42	42二 084	42三 126	42四 168	42五 210	42六 252	42七 294	42八 336	42九 378
43	43二 086	43三 129	43四 172	43五 215	43六 258	43七 301	43八 344	43九 387
44	44二 088	44三 132	44四 176	44五 220	44六 264	44七 308	44八 352	44九 396
45	45二 090	45三 135	45四 180	45五 225	45六 270	45七 315	45八 360	45九 405
46	46二 092	46三 138	46四 184	46五 230	46六 276	46七 322	46八 368	46九 414
47	47二 094	47三 141	47四 188	47五 235	47六 282	47七 329	47八 376	47九 423
48	48二 096	48三 144	48四 192	48五 240	48六 288	48七 336	48八 384	48九 432
49	49二 098	49三 147	49四 196	49五 245	49六 294	49七 343	49八 392	49九 441

表 2-3-7 "双九九"乘法口诀(五)

	二	三	四	五	六	七	八	九
51	51二 102	51三 153	51四 204	51五 255	51六 306	51七 357	51八 408	51九 459
52	52二 104	52三 156	52四 208	52五 260	52六 312	52七 364	52八 416	52九 468
53	53二 106	53三 159	53四 212	53五 265	53六 318	53七 371	53八 424	53九 477
54	54二 108	54三 162	54四 216	54五 270	54六 324	54七 378	54八 432	54九 486
55	55二 110	55三 165	55四 220	55五 275	55六 330	55七 385	55八 440	55九 495
56	56二 112	56三 168	56四 224	56五 280	56六 336	56七 392	56八 448	56九 504
57	57二 114	57三 171	57四 228	57五 285	57六 342	57七 399	57八 456	57九 513
58	58二 116	58三 174	58四 232	58五 290	58六 348	58七 406	58八 464	58九 522
59	59二 118	59三 177	59四 236	59五 295	59六 354	59七 413	59八 472	59九 531

表 2-3-8　"双九九"乘法口诀（六）

	二	三	四	五	六	七	八	九
61	61 二 122	61 三 183	61 四 244	61 五 305	61 六 366	61 七 427	61 八 488	61 九 549
62	62 二 124	62 三 186	62 四 248	62 五 310	62 六 372	62 七 434	62 八 496	62 九 558
63	63 二 126	63 三 189	63 四 252	63 五 315	63 六 378	63 七 441	63 八 504	63 九 567
64	64 二 128	64 三 192	64 四 256	64 五 320	64 六 384	64 七 448	64 八 512	64 九 576
65	65 二 130	65 三 195	65 四 260	65 五 325	65 六 390	65 七 455	65 八 520	65 九 585
66	66 二 132	66 三 198	66 四 264	66 五 330	66 六 396	66 七 462	66 八 528	66 九 594
67	67 二 134	67 三 201	67 四 268	67 五 335	67 六 402	67 七 469	67 八 536	67 九 603
68	68 二 136	68 三 204	68 四 272	68 五 340	68 六 408	68 七 476	68 八 544	68 九 612
69	69 二 138	69 三 207	69 四 276	69 五 345	69 六 414	69 七 483	69 八 552	69 九 621

表 2-3-9　"双九九"乘法口诀（七）

	二	三	四	五	六	七	八	九
71	71 二 142	71 三 213	71 四 284	71 五 355	71 六 426	71 七 497	71 八 568	71 九 639
72	72 二 144	72 三 216	72 四 288	72 五 360	72 六 432	72 七 504	72 八 576	72 九 648
73	73 二 146	73 三 219	73 四 292	73 五 365	73 六 438	73 七 511	73 八 584	73 九 657
74	74 二 148	74 三 222	74 四 296	74 五 370	74 六 444	74 七 518	74 八 592	74 九 666
75	75 二 150	75 三 225	75 四 300	75 五 375	75 六 450	75 七 525	75 八 600	75 九 675
76	76 二 152	76 三 228	76 四 304	76 五 380	76 六 456	76 七 532	76 八 608	76 九 684
77	77 二 154	77 三 231	77 四 308	77 五 385	77 六 462	77 七 539	77 八 616	77 九 693
78	78 二 156	78 三 234	78 四 312	78 五 390	78 六 468	78 七 546	78 八 624	78 九 702
79	79 二 158	79 三 237	79 四 316	79 五 395	79 六 474	79 七 553	79 八 632	79 九 711

表 2-3-10 "双九九"乘法口诀(八)

	二	三	四	五	六	七	八	九
81	81 二 162	81 三 243	81 四 324	81 五 405	81 六 486	81 七 567	81 八 648	81 九 729
82	82 二 164	82 三 246	82 四 328	82 五 410	82 六 492	82 七 574	82 八 656	82 九 738
83	83 二 166	83 三 249	83 四 332	83 五 415	83 六 498	83 七 581	83 八 664	83 九 747
84	84 二 168	84 三 252	84 四 336	84 五 420	84 六 504	84 七 588	84 八 672	84 九 756
85	85 二 170	85 三 255	85 四 340	85 五 425	85 六 510	85 七 595	85 八 680	85 九 765
86	86 二 172	86 三 258	86 四 344	86 五 430	86 六 516	86 七 602	86 八 688	86 九 774
87	87 二 174	87 三 261	87 四 348	87 五 435	87 六 522	87 七 609	87 八 696	87 九 783
88	88 二 176	88 三 264	88 四 352	88 五 440	88 六 528	88 七 616	88 八 704	88 九 792
89	89 二 178	89 三 267	89 四 356	89 五 445	89 六 534	89 七 623	89 八 712	89 九 801

表 2-3-11 "双九九"乘法口诀(九)

	二	三	四	五	六	七	八	九
91	91 二 182	91 三 273	91 四 364	91 五 455	91 六 546	91 七 637	91 八 728	91 九 819
92	92 二 184	92 三 276	92 四 368	92 五 460	92 六 552	92 七 644	92 八 736	92 九 828
93	93 二 186	93 三 279	93 四 372	93 五 465	93 六 558	93 七 651	93 八 744	93 九 837
94	94 二 188	94 三 282	94 四 376	94 五 470	94 六 564	94 七 658	94 八 752	94 九 846
95	95 二 190	95 三 285	95 四 380	95 五 475	95 六 570	95 七 665	95 八 760	95 九 855
96	96 二 192	96 三 288	96 四 384	96 五 480	96 六 576	96 七 672	96 八 768	96 九 864
97	97 二 194	97 三 291	97 四 388	97 五 485	97 六 582	97 七 679	97 八 776	97 九 873
98	98 二 196	98 三 294	98 四 392	98 五 490	98 六 588	98 七 686	98 八 784	98 九 882
99	99 二 198	99 三 297	99 四 396	99 五 495	99 六 594	99 七 693	99 八 792	99 九 891

口诀表栏中的第一、二字是被乘数,以阿拉伯数码表示,第三字是乘数,用中文数码表示,第四、五、六字是乘积,用阿拉伯数码表示。积不足三位数的添"0"补成三位数,以防止

加错档位。应用时,也可颠倒被乘数和乘数的位置,改成一位数乘二位数的口诀。例如:98×2,读作98二196;2×98,也可读为2九八196;等等。

"双九九"口诀虽共有648句之多,但从口诀中一位数分析,二是二加倍,五是五折半,这两个数乘11~99两位数的口诀,都比较容易掌握,而三和四乘11~99两位数的口诀也不难掌握。至于较小的两位数与二~九相乘的口诀,也是较容易记住的。另外,有些口诀很有规律性,例如:37×3是111,37×6是222,37×9是333;74×3是222,74×6是444,74×9是666;34×3是102,67×3是201,78×3是234,78×6是468;等等。又如:任何一位数(二~九)乘11、22、33…99和15、25、35…95的乘积,也极有规律。因此,只要肯下苦功,掌握其中不同的规律,"双九九"口诀还是能记牢的。

2. 两位合并乘法

以空盘前乘法用"双九九"口诀运算(下同),举例图示说明如下:

【例2-3-43】　28×639=17 892

① 从算盘左一档起拨入28 六168(如图2-3-37所示)。

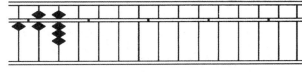

图2-3-37

② 从算盘左二档起拨入28 三084(如图2-3-38所示)。

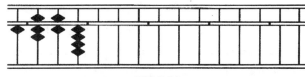

图2-3-38

③ 算盘左三档起拨入28 九252(如图2-3-39所示)。

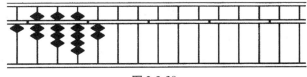

图2-3-39

公式定位:2+3=5,则积为17 892。

【例2-3-44】　3 608×1 749=6 310 392

被乘数3 608可分为36和08两段运算。

第一段以36×1749。

① 从算盘左一档起拨入36 一036(如图2-3-40所示)。

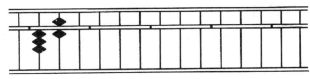

图2-3-40

② 从算盘左二档起拨入 36 七 252（如图 2-3-41 所示）。

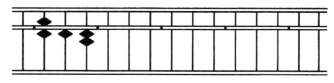

图 2-3-41

③ 从算盘左三档起拨入 36 四 144（如图 2-3-42 所示）。

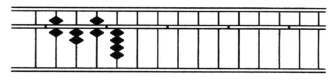

图 2-3-42

④ 从算盘左四档起拨入 36 九 324（如图 2-3-43 所示）。

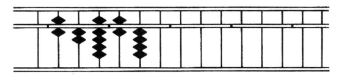

图 2-3-43

第二段以 08×1749。8×1749 的乘积从算盘左四档起拨入 13992（如图 2-3-44 所示）。

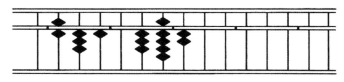

图 2-3-44

公式定位：4+4-1=7，则积为 6 310 392。

【例 2-3-45】 1 587×3 694=5 862 378

被乘数分成 15 和 87 两段，若只会熟记 15 乘二一九的口诀，尚未掌握 87 乘二一九的口诀时，还可将 87 分成 8 和 7 两段，即分拆成：15×3694、8×3694 和 7×3694 三组运算。

第一组以 15×3694。

① 从算盘左一档起拨入 15 三 045（如图 2-3-45 所示）。

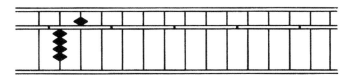

图 2-3-45

② 从算盘左二档起拨入 15 六 090（如图 2-3-46 所示）。

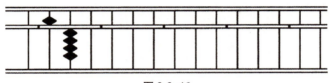

图 2-3-46

③ 从算盘左三档起拨入 15 九 135（如图 2-3-47 所示）。

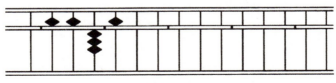

图 2-3-47

④ 从算盘左四档起拨入 15 四 060（如图 2-3-48 所示）。

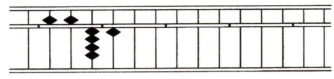

图 2-3-48

第二组以 8×3694 。8×3694 的乘积从算盘左三档起拨入 29552（如图 2-3-49 所示）。

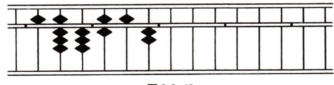

图 2-3-49

第三组以 7×3694 。7×3694 的乘积从算盘左四档起拨入 25858（如图 2-3-50 所示）。

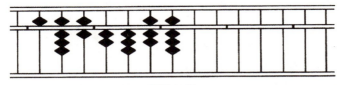

图 2-3-50

公式定位 4+4-1=7，则积为 5 862 378 。

3. 多位合并法

熟练掌握双九九乘法口诀后，就可以开始练习多位合并乘算，以便进一步提高乘算速度。例如：417×4，原可分为 41 和 7 乘四两段，应用 41 四 164 和 7 四 28 两句口诀。如把这两句口诀联结起来，合成 417 四 1668，就成为被乘数三位数乘一位数的口诀了。又如：3 426×7，就可把 34 七 238 和 26 七 182 两句口诀联结起来合成 3426 七 23982，成为被乘数四位数乘一位数的口诀。在联结合成另一句口诀时，一般采用叠接的办法，即将第一句口诀的最后一个数字与第二句口诀的第一个数字叠加。但当第二句口诀的第一个数字是 0 时，就会出现顺接和跳接的情况。例如：6 314×6，把63和14乘六这两句口诀联结起来时，由于第二句口诀14六084的乘积第一个数字是0，只要将两句口诀顺接起来，合成6314六37884即可；又如：5 416×5，由于54五270的最后一个数字是0，而16五080的第一个数字是0，两句口诀联结起来，合成5416五27080，就出现跳接。因此，在联结两句口诀合成一句口诀时，必须注意上述的规律，以免出现差错。

【例2-3-46】　486×735＝357 210

把被乘数486分成48和6两段，分别合成三位数的口诀进行乘算。如486×7的口诀是486七3402，486×3的口诀是486三1458，486×5的口诀是486五2430。

① 从算盘左一档起拨入486七3402（如图2-3-51所示）。

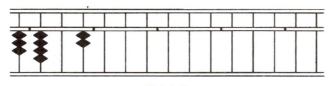

图2-3-51

② 从算盘左二档起拨入486三1458（如图2-3-52所示）。

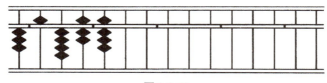

图2-3-52

③ 从算盘左三档起拨入486五2430（如图2-3-53所示）。

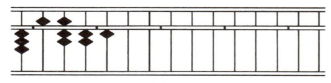

图2-3-53

④ 经公式定位：3＋3＝6，则积为357 210。

【例2-3-47】　2 489×3 764＝9 368 596

2 489分成24和89两段，分别合成四位数的口诀为：2489三07467、2489七17423、2489六14934和2489四09956。

① 从算盘左一档起拨入2489三07467（如图2-3-54所示）。

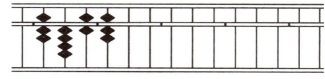

图2-3-54

② 从算盘左二档起拨入2489七17423（如图2-3-55所示）。

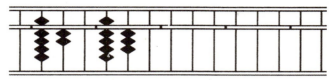

图 2-3-55

③ 从算盘左三档起拨入 2489 六 14934（如图 2-3-56 所示）。

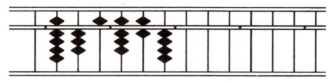

图 2-3-56

④ 从算盘左四档起拨入 2489 四 09956（如图 2-3-57 所示）。

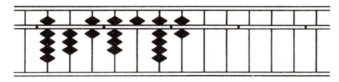

图 2-3-57

⑤ 经公式定位：$4+4-1=7$，则积为 9 368 596。

1. 乘法按乘的顺序和方式不同，一般分为哪几类？
2. 数的位数有哪几种情况？试举例说明。
3. 乘法公式定位法的具体公式及其含义是什么？
4. 为什么在珠算乘法中宜采用"大九九"口诀？
5. 何为破头后乘法？其运算步骤有哪些？
6. 何为空盘前乘法？试述其乘积记法。
7. 空盘前乘法与破头后乘法有什么区别？
8. 何为补数乘法？其减积规则如何？
9. 何为省数乘法？其截位公式和运算步骤如何？
10. 何为"一口清"运算法？
11. 乘数为 2、3、5、9 的进位规律和个位规律是什么？
12. 在括号内写出下列各数的位数。

（1）305　　　　　　（　　　）

（2）3.05　　　　　　（　　　）

（3）30 500　　　　　（　　　）

（4）0.305　　　　　 （　　　）

（5）0.030 5　　　　 （　　　）

(6) 0.000 060 5 （　　　）
(7) 0.065 17 （　　　）
(8) 0.96 （　　　）
(9) 0.096 （　　　）
(10) 96 000 （　　　）

13. 根据表格中的要求，判定出下列各数的位数和数值。

数值	16 530		16.53			0.001 653		0.000 165 3	
位数		三位		零位	负一位		负二位		正四位

14. 下列各题相乘的结果，算盘上出现的都是234，试用乘法定位公式进行定位。

(1) 36×65＝

(2) 0.36×65＝

(3) 0.036×6 500＝

(4) 3.6×0.65＝

(5) 36 000×0.006 5＝

(6) 0.36×0.000 65＝

(7) 36×0.065＝

(8) 3 600×6 500＝

(9) 0.000 36×0.000 65＝

(10) 360×0.065＝

15. 一位数乘法练习。

(1) 572.3×0.04＝

(2) 524.5×0.3＝

(3) 0.814×0.000 02＝

(4) 250 500×400＝

(5) 0.000 962 61×5 000＝

(6) 0.027 5×800＝

(7) 2.09×0.005＝

(8) 0.004 198×8 000＝

(9) 0.019 305×0.02＝

(10) 4.378 08×0.05＝

16. 二位数乘法练习（基本乘法，算好后调换两因数进行验算）。

(1) 7 689×340＝

(2) 0.317 6×72＝

(3) 16.82×0.51＝

(4) 6 907×890＝

(5) 3 815×7.6＝

(6) 47.43×0.073＝

(7) 58.362×0.008 6＝

(8) 95.013×29 =

(9) 32.475×5.7 =

(10) 460.58×8.4 =

17. 多位数乘法练习（基本乘法）。

(1) 8.34×52.4 =

(2) 7.651×0.908 =

(3) 15.872×376 =

(4) 37.82×0.006 25 =

(5) 1 264×0.75 =

(6) 79.08×6.702 =

(7) 320.1×56.47 =

(8) 6 904×0.091 04 =

(9) 4.068 9×0.251 3 =

(10) 820.39×200.14 =

18. 补数乘法练习。

(1) 987.6×9.97 =

(2) 837×998 =

(3) 1 976×896 =

(4) 651×995 =

(5) 369×983 =

(6) 7 687×895 =

(7) 6.348×9.85 =

(8) 97.26×998.6 =

(9) 6.075×98.92 =

(10) 840.36×898.5 =

19. 省乘法练习（精确到0.01）。

(1) 64.856 95×0.754 6 =

(2) 37.846 5×43.726 =

(3) 0.845 62×49.264 5 =

(4) 21.364 5×8.016 74 =

(5) 0.687 751×53.167 4 =

(6) 7.870 564×36.581 321 =

(7) 93.794 606×2.084 396 5 =

(8) 262.654 87×0.815 648 7 =

(9) 10.625 713 5×48.624 735 =

(10) 0.624 785 12×460.378 24 =

20. 试运用"一口清"运算法计算下列各题。

(1) 68 432×235 =

(2) 405 271×176 =

(3) 54 321 × 480 =

(4) 52 341 × 658 =

(5) 60 472 × 964 =

(6) 92 607 × 93 =

(7) 55 267 × 752 =

(8) 48 792 × 658 =

(9) 61 273 × 267 =

(10) 90 467 × 834 =

21. 试运用"双九九"口诀法计算下列各题。

(1) 2 345 × 1 246 =

(2) 3 506 × 7 913 =

(3) 6 038 × 1 845 =

(4) 7 056 × 3 529 =

(5) 1 326 × 1 253 =

(6) 5 916 × 7 804 =

(7) 925 × 4 932 =

(8) 8 472 × 6 452 =

(9) 6 589 × 5 225 =

(10) 8 014 × 1 947 =

22. 乘法综合练习(每组限时 5 分钟,小数题要求保留两位,以下四舍五入)。

第一组

(1) 71 × 6 205 =

(2) 3 581 × 64 =

(3) 28 × 3 054 =

(4) 4 802 × 13 =

(5) 57 × 8 974 =

(6) 6 213 × 82 =

(7) 15.6 × 2.94 =

(8) 698 × 502 =

(9) 50.31 × 4.9 =

(10) 35 × 6 902 =

第二组

(1) 2 563 × 4 902 =

(2) 6 981 × 5 023 =

(3) 1 674 × 6 908 =

(4) 8 309 × 5 721 =

(5) 862.1 × 45.73 =

(6) 47.15 × 602.3 =

(7) 805.7 × 392.16 =

(8) 168.02×756.3＝
(9) 908.3×154.67＝
(10) 901.58×432.6＝

实训 4　除　　法

阅读资料

中国数学家——杨辉

杨辉，字谦光，钱塘（今杭州）人，中国南宋时期杰出的数学家和数学教育家。他著名的数学书共五种二十一卷。著有《详解九章算法》十二卷（1261 年）、《日用算法》二卷（1262 年）、《乘除通变本末》三卷（1274 年）、《田亩比类乘除捷法》二卷（1275 年）、《续古摘奇算法》二卷（1275 年）。

杨辉的数学研究与教育工作的重点是在计算技术方面，他对筹算乘除捷算法进行总结和发展，有的还编成了歌诀，如九归口诀，在他的著作中收录了不少现已失传的古代数学著作中的算题和算法。杨辉的著作大多注意应用算术，浅近易晓。其著作还广泛征引数学典籍和当时的算书，以及中国古代数学的一些杰出成果，比如刘益的

古代数学家——杨辉

"正负开方术"，贾宪的"开方作法本源图""增乘开方法"，幸得杨辉引用，否则，今天将不复为我们知晓。

对数学重新分类也是杨辉的重要数学工作之一。杨辉在详解《九章算术》的基础上，专门增加了一卷"纂类"，将《九章》的方法和 246 个问题按其方法的性质重新分为乘除、分率、合率、互换、衰分、叠积、盈不足、方程、勾股九类。

杨辉不仅是一位著述甚丰的数学家，而且还是一位杰出的数学教育家。他一生致力于数学教育和数学普及，其著述有很多是为了数学教育和普及而写的。《算法通变本末》中载有杨辉专门为初学者制定的"习算纲目"，它集中体现了杨辉的数学教育思想和方法。

一、除算计算公式及其基本运算规则

除算是乘算的逆运算，其计算公式为：

被除数÷除数＝商（或者商＋余数）

珠算除法的种类较多，一般分为基本除法和简捷除法。基本除法按使用口诀分为商除法和归除法，而商除法按置商档次又可分为隔位商除法和不隔位商除法。其基本运算规则是：

（1）用被除数（实数）除以除数（法数）时，应从左到右，先从被除数的最高位除起，依次

除到最低位;

(2) 用口诀相乘,乘积叠位递减,即每乘一位,将乘积退一位减去。

二、商的定位法

商的定位法就是确定商数位数的方法。商的定位法有多种,常用的有:公式定位法、固定个位档(点)定位法。

(一) 公式定位法

公式定位法也叫通用定位法,适用于各种计算方法。它是根据被除数的位数与除数位数用公式来确定商的位数,定位公式为:

公式一:$a = m - n$

公式二:$a = m - n + 1$

式中:a——商的位数;

m——被除数的位数;

n——除数的位数。

用被除数首位数与除数首位数进行比较来选择用哪个公式进行定位,分为三种情况:

(1) 被除数首位小于除数首位,用公式一,即 $a = m - n$。如 $474.88 \div 6.4 = 74.2$,被除数首位"4"小于除数首位"6",故用公式一定位,商的位数为:$m - n = 3 - 1 = 2$(位)。

(2) 被除数首位大于除数首位,用公式二,即 $a = m - n + 1$。如 $86.245 \div 3.67 = 23.5$,被除数首位"8"大于除数首位"3",故用公式二定位,商的位数为:$m - n + 1 = 2 - 1 + 1 = 2$(位)。

(3) 被除数首位等于除数首位,比较后位,直至比较出大小,定位方法同上。如 $2\,750 \div 2.5 = 1\,100$,因首位相同,所以比较第二位,被除数第二位数"7"大于除数第二位数"5",故用公式二定位,商的位数为:$m - n + 1 = 4 - 1 + 1 = 4$(位)。若被除数与除数的各位都相等时,用公式二进行定位,如 $20 \div 20 = 1$。

这种定位方法可概括为"位数相减,实大加1"。"位数相减"代表公式一,即被除数位数减除数位数;"实大加1"代表公式二,即被除数首位大于除数首位时,用被除数位数减除数位数再加1。

(二) 盘上公式定位法

把公式定位法原理运用到算盘上定位,叫作"盘上公式定位法",又称"首位档定位法"。它是指经运算后,根据商数的首位数落在哪一档上来确定用哪个公式进行定位。用这种方法进行定位,要依据运用什么除法来运算。

运用不隔位商除法和归除法时,一般是将被除数从算盘左边第二档起拨入,即算盘左边留出一个空档;运用隔位商除法时,将被除数从算盘左边第三档起拨入,即算盘左边留出两个空档。这样,当运算完毕后,如果算盘左边第一档无商数,即用公式一进行定位;如果算盘左边第一档有商数,即用公式二进行定位。

这种定位方法可概括为"位数相减,满档加1","满档"即指算盘左边第一档有商数。

【例 2-4-1】 $145\,186 \div 3.17 = 45\,800$(用不隔位商除法运算)

① 将被除数 145 186 从算盘左边第二档起拨入(如图 2-4-1 所示)。

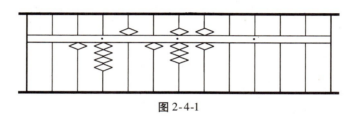

图 2-4-1

② 盘面结果 458,但第一档无商,用公式一 m – n 定位,即 6 – 1 = 5(位),得商 45 800(如图 2-4-2 所示)。

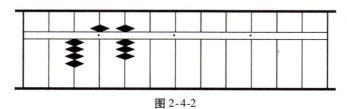

图 2-4-2

【例 2-4-2】 91 975 ÷ 32.5 = 2 830(用隔位商除法运算)

① 将被除数 91 975 从算盘左边第三档起拨入(如图 2-4-3 所示)。

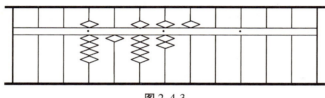

图 2-4-3

② 盘面结果 283,但第一档有商,用公式二 m – n + 1 定位,即 5 – 2 + 1 = 4(位),得商 2 830(如图 2-4-4 所示)。

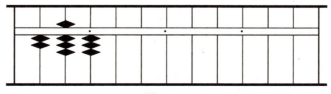

图 2-4-4

(三)固定个位档(点)定位法

这是一种算前定位法,又称固定个位点定位法,是根据珠算定位方法事先确定商的个位固定点的方法。

首先,在算盘上先确定一个有计位点的档为固定个位档,一般为中间适当档位,如图 2-4-5 所示。

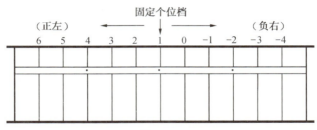

图 2-4-5

其次,用公式确定被除数的起拨档。

不隔位商除法、归除法:b = m − n

隔位商除法:b = m − n − 1

式中:b——被除数起拨档。

【例 2-4-3】 146.88 ÷ 48 = 3.06(用不隔位商除法运算)

① 被除数起拨档为 m − n = 3 − 2 = 1(位),拨被除数入盘(如图 2-4-6 所示)。

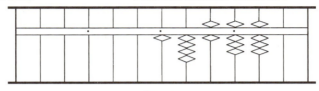

图 2-4-6

② 运算结果为 3.06(如图 2-4-7 所示)。

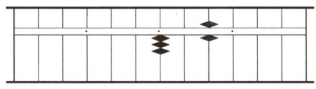

图 2-4-7

【例 2-4-4】 9.204 ÷ 0.26 = 35.4(用隔位商除法运算)

① 被除数起拨档为 m − n − 1 = 1 − 0 − 1 = 0(位),拨被除数入盘(如图 2-4-8 所示)。

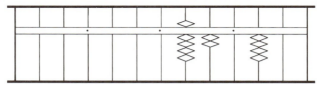

图 2-4-8

② 运算结果为 35.4(如图 2-4-9 所示)。

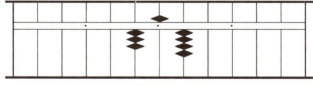

图 2-4-9

三、基本除法

（一）隔位商除法

1. 运算方法和步骤

（1）置数。置数指将被除数拨入算盘。如采用盘上公式定位法,将被除数从算盘左边第三档起拨入；如采用固定个位档定位法,则按公式 m－n－1 的计算结果确定被除数的起拨档。

（2）估商。估商一般是指用被除数的首位数或二位数与除数的首位数或二位数利用"大九九"口诀,用心算来求商的过程。如 6÷3＝?,可利用"大九九"口诀"三二06",估算"2"为商,又如 25÷4,应估"6"为商（余1）。

（3）置商。置商也叫立商,是指将估计的商数拨在算盘的某一档上,置商的原则是"头大隔位商,头小邻位商"。其中,"头"是指被除数的首位。"头大隔位商"指当被除数的首位≥除数的首位时,将估计的商数拨在被除数首位的左边隔一档上；"头小邻位商"指当被除数的首位＜除数的首位时,将估计的商数拨在被除数首位的左边一档上。如 324÷2,估商"1",而被除数首位 3＞除数首位 2,所以估商"1"拨在被除数首位"3"的左边隔一档上,又如14 632÷62,估商"2",而被除数首位 1＜除数首位 6,所以估商"2"拨在被除数首位"1"的左边一档上。

（4）减积。减积即从置商的右边一档起减去商和除数的乘积,商和除数首位乘积的十位数字,从商的右边第一档减去,个位数字从商的右边第二档减去,商和除数第二位数字乘积的十位数字,从商的右边第二档减去,个位数字从商的右边第三档减去,依此类推,直到除数末位,即"前次减积的个位档,就是下次减积的十位档"。在减积的过程中手指不离档,叠位相减,直至末位。

（5）轮除。轮除指在估商、置商、减积结束完成了第一次轮除后,盘面上仍有余数,应连续采取估商、置商、减积的轮除方法,直至除尽或按精确度要求取舍。

（6）定位记商。定位记商是指用盘上公式定位法（首档无商,m－n；首档有商,m－n＋1）或按固定个位档定位法（m－n－1）进行定位并记商,能除尽,算盘上的数即商数,不能除尽,按精确度要求取舍。

【例 2-4-5】 28 614÷753＝38（用盘上公式定位法定位）

① 将被除数 28 614 从算盘左边第三档起拨入（如图 2-4-10 所示）。

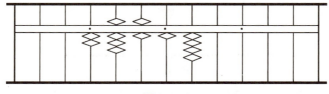

图 2-4-10

② 用被除数前三位 286 除以除数前两位 75,估商 3,因被除数首位 2 小于除数首位 7,属头小类型,故估商 3 应拨在被除数首位 2 的左边一档上,然后从商 3 的右一档起依次减去乘积"三七21""三五15""三三09",余数为 6024（如图 2-4-11 所示）。

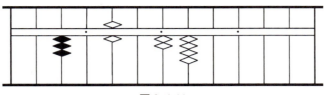

图 2-4-11

③ 用余数首次两位 60 除以除数首位 7,估商 8,因余数首位 6 小于除数首位 7,属头小类型,故估商 8 应拨在余数首位 6 的左边一档上,然后从商 8 的右一档起依次减去乘积"八七 56""八五 40""八三 24",恰好除尽(如图 2-4-12 所示)。

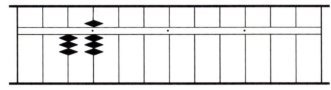

图 2-4-12

④ 用盘上公式定位法进行定位,因算盘首档无商数,故用公式 m − n = 5 − 3 = 2(位)定位,得商数为 38。

【例 2-4-6】 86.02 ÷ 37.2 = 2.3(用固定个位档定位法定位,除不尽)

说明:本例为除不尽题,商数要求保留 1 位小数,以下四舍五入。

① 被除数起拨档为 m − n − 1 = 2 − 2 − 1 = −1(位),拨被除数入盘(如图 2-4-13 所示)。

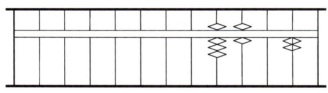

图 2-4-13

② 用被除数首位 8 除以除数首位 3,估商 2,因被除数首位 8 大于除数首位 3,属头大类型,故估商 2 应拨在被除数首位 8 的左边隔一档上,然后从商 2 的右一档起依次减去乘积"二三 06""二七 14""二二 04",余数为 1162(如图 2-4-14 所示)。

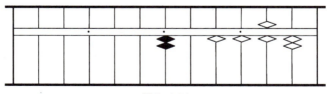

图 2-4-14

③ 用余数首次两位 11 除以除数首位 3,估商 3,由于余数和商之间只有一个空档,可不考虑置商档次,直接在该档置估商,然后从商 3 的右一档起依次减去乘积"三三 09""三七 21""三二 06",余数为 46(如图 2-4-15 所示)。

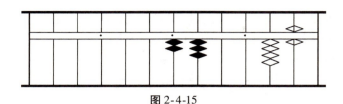

图 2-4-15

④ 用余数首位 4 除以除数首位 3,估商 1,因余数首位 4 大于除数首位 3,属头大类型,故估商 1 应拨在余数首位 4 左边隔一档上(如图 2-4-16 所示)。

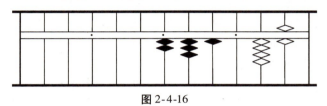

图 2-4-16

⑤ 按原定个位档计数,已得 1 位小数商 3,而第二位小数商估商 1,小于 5,故舍去,无须再减积,最后得商数为 2.3。

2. 补商

当估商与除数的各位乘积从被除数中减去后,商数的右边一档起就有余数,或商数的右边隔一档起的余数首位数大于除数的首位数(也包括余数的前几位与除数各位都相等)时,说明所估的商数小了,应进行补商。

补商的方法是"隔档进商一,隔位减除倍除数",即在初次估计的商数中加 1,并在商数右边隔一档起减除数一次,如果补一次不够,就再补一次。

【例 2-4-7】 114 365 ÷ 128.5 = 890(用盘上公式定位法定位)

说明:本例的答案是 890,在这里有意识地将商数估得小一点,即第一次估商为 7,第二次估商为 8,以便进行补商的说明。

① 将被除数 114365 从算盘左边第三档起拨入(如图 2-4-17 所示)。

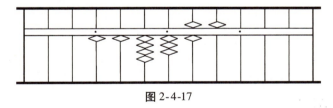

图 2-4-17

② 被除数首位 1 等于除数首位 1,但被除数次位 1 小于除数次位 2,故属头小类型。估商 7 并拨在被除数首位 1 的左边一档上,然后从商 7 的右一档起依次减去乘积"七一 07""七二 14""七八 56""七五 35",余数为 24415(如图 2-4-18 所示)。

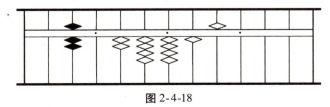

图 2-4-18

③ 减积后,发现余数首位2大于除数1,说明估商偏小,应在估商7上补商1,然后在商8右边隔一档起减除数1285一次,得余数11565(如图2-4-19所示)。

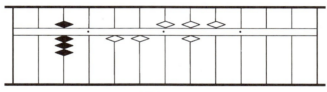

图2-4-19

④ 由于余数和商之间只有一个空档,可不考虑置商档次,直接将估商8拨在余数首位1的左边一档上,然后从商8的右一档起依次减去乘积"八一08""八二16""八八64""八五40",余数为1285(如图2-4-20)。

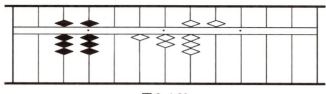

图2-4-20

⑤ 减积后,发现商数8右边隔一档起的余数是1285,与除数完全相同,说明估商偏小,应在估商8上补商1,然后在商9右边隔一档起减除数1285一次,恰好除尽(如图2-4-21所示)。

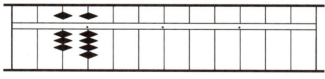

图2-4-21

⑥ 用盘上公式定位法进行定位,因算盘首档无商数,故用公式 $m-n=6-3=3$(位)定位,得商数为890。

3. 退商

当将估商与除数前几位的乘积从被除数中减去后,才发现不够继续乘减时,说明所估的商数大了,应进行退商。

退商的方法是将所估的商数减1,并从估商的右边第二档起,依次加上除数已经被乘减过的那一部分数,然后用调整后的"新估商"继续与未乘减过的除数相乘,并按一定的档次减积。

【例2-4-8】 932.64÷139.2=6.7(用盘上公式定位法定位)

说明:本例的答案是6.7,在这里有意识地将商数估得大一点,即第一次估商为7,以便进行退商的说明。

① 将被除数93264从算盘左边第三档起拨入(如图2-4-22所示)。

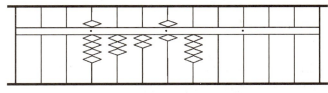

图 2-4-22

② 用被除数前两位 93 除以除数前两位 13，估商 7，因被除数首位 9 大于除数首位 1，属头大类型，故估商 7 应拨在被除数首位 9 的左边隔一档上，再从商 7 的右一档起依次减去乘积"七一 07""七三 21"，但在减"七九 63"时发现盘上的被除数不够减（如图 2-4-23 所示）。

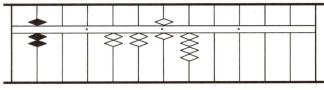

图 2-4-23

③ 不够减，需退商 1，然后从估商的右边第二档起，依次加还已乘减过的除数 13（如图 2-4-24 所示）。

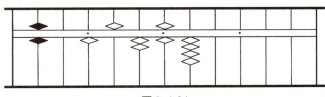

图 2-4-24

④ 用退商后的新商 6 乘以还未乘减过的除数后两位 92，依次减去乘积"六九 54""六二 12"，余数为 9744（如图 2-4-25 所示）。

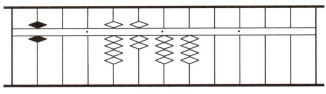

图 2-4-25

⑤ 用余数前两位 97 除以除数前两位 13，估商 7，因被除数首位 9 大于除数首位 1，属头大类型，故估商 7 应拨在被除数首位 9 的左边隔一档上，然后从商 7 的右一档起依次减去乘积"七一 07""七三 21""七九 63""七二 14"，恰好除尽（如图 2-4-26 所示）。

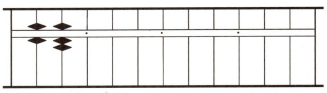

图 2-4-26

⑥ 用盘上公式定位法定位,因算盘首档有商数,故用公式 $m - n + 1 = 3 - 3 + 1 = 1$(位)定位,得商数为 6.7。

4. 估商方法

在多位数除法中估商比较复杂,估商不准往往会发生补商和退商,影响计算的速度。为提高求商的速度,可采用一些简化的方法进行估商。

(1) 直接用除数首位估商。在估商时只用除数首位和被除数首位或前两位比较,不考虑除数首位以后的各位数。这种方法比较简单,但容易造成估商偏大,因而退商的机会较多。

(2) 看首位,兼顾次位,适当偏小估商。在估商时除看除数的第一位外,还要看除数的第二位与商的乘积有"几十"进到前一位来。这种方法估商较准确,但心算过程较复杂,需勤加练习才能提高运算速度。

(3) 看除数的次位数的大小估商。当除数次位数小于 5 时,直接用除数首位和被除数首位或前两位比较估商;当除数次位数大于或等于 5 时,用除数首位加 1 后,再与被除数首位或前两位比较估商,但容易出现估商偏小的情况,需补商。

(4) 被除数首位与除数首位相同的估商。当除数首位与被除数首位相同,但次位数比被除数大,或前几位都相同,而后一位除数大于被除数时,估商一般是 9 或 8。

(5) 用挨位商口诀估商(即仅适用于被除数首位小于除数的情况)。

① 二(指除数首位,以下同)一(指被除数首位,以下同)6(指商数)。

② 三一 4、三二 7。

③ 四一 3、四二 5、四三 7。

④ 五商加倍(估商为被除数首位加一倍)。

⑤ 六商加 2(估商为被除数首位数加 2)。

⑥ 七、八商加 1(估商为被除数首位数加 1)。

⑦ 九商相同(估商为被除数首位数)。

用口诀进行估商,优点是估商较快,但是估商不是十分正确,常常出现估商偏大或偏小的情况。

(二) 归除法

1. 九归口诀

归除法是运用九归口诀进行除法运算的,所以,学习归除法首先必须熟记和熟练使用这些口诀。九归口诀是根据被除数 1、2、3、4、5、6、7、8、9 九个数字分别除以 1、2、3、4、5、6、7、8、9 各数应得的一位商数或应余的余数编制而成的,所以,每句口诀中都包括除数、被除数、商数或余数,如表 2-4-1 所示。

表 2-4-1 九归口诀表

除数	单归	运 用 口 诀				
1	一归	逢一进 1	逢二进 2	逢三进 3	逢四进 4	逢 5 进 5
		逢六进 6	逢七进 7	逢八进 8	逢九进 9	
2	二归	二一改作 5	逢二进 1	逢四进 2	逢六进 3	逢八进 4

续表

除数	单归	运 用 口 诀				
3	三归	三一 3 余 1	三二 6 余 2	逢三进 1	逢六进 2	逢九进 3
4	四归	四一 2 余 2	四二改作 5	四三 7 余 2	逢四进 1	逢八进 2
5	五归	五一改作 2	五二改作 4	五三改作 6	五四改作 8	逢五进 1
6	六归	六一下加 4	六二 3 余 2	六三改作 5	六四 6 余 4	六五 8 余 2
		逢六进 1	逢双六进 2			
7	七归	七一下加 3	七二下加 6	七三 4 余 2	七四 5 余 5	七五 7 余 1
		七六 8 余 4	逢七进 1	逢双七进 2		
8	八归	八一下加 2	八二下加 4	八三下加 6	八四改作 5	八五 6 余 2
		八六 7 余 4	逢八进 1			
9	九归	九一下加 1	九二下加 2	九三下加 3	九四下加 4	九五下加 5
		九六下加 6	九七下加 7	九八下加 8	逢九进 1	

口诀中：第一个中文数字——指除数；

第二个中文数字——指被除数；

第一个阿拉伯数字——指商数；

第二个阿拉伯数字——指余数；

"逢"——指拨去被除数的首位数；

"进"——指被除数首位前一档拨的数，与"逢"连在一起，有逢必有进；

"改作"——指把被除数的首位数改为商数；

"下加"和"余"——指被除数首位的右一档加上的数。

61 句口诀分为四类："逢几进几"类，"几几改作几"类，"几几几余几"类，"几几下加几"类，其具体运用分别为：

第一，被除数首位数≥除数，用"逢几进几"口诀；

第二，被除数首位数＜除数，且能除尽，用"几几改作几"口诀；

第三，被除数首位数＜除数，且除后有余数，用"几几几余几"口诀；

第四，被除数首位数＜除数，除后商数与原被除数首位相同，且有余数时，用"几几几下加几"口诀。

九归口诀中还规定了拨珠顺序以及商和余数的拨放位置，具有指挥拨珠的作用。

运用"逢几进几"口诀，将商数拨在被除数的前一档上；

运用"几几改作几"口诀，将被除数首位改成商数；

运用"几几几余几"口诀，将被除数首位改成商数，再在后一档上加上一个余数；

运用"几几下加几"口诀，被除数首位不变，即为商数，只需在后一档上加上一个数。

2. 运算方法和步骤

（1）置数。如采用盘上公式定位法，将被除数从算盘左边第二档起拨入；如采用固定个位档定位法，则按公式 m - n 的计算结果确定被除数的起拨档。

（2）运用口诀。用除数首位除被除数首位来求商数，即用九归口诀来估商，这个商叫初商,要通过乘减后才是确定的商数。

（3）减积。从初商的右边一档起减初商与除数第二位直至末位各数的积,减积时应做到"指不离档",每减一次手指往后移一档,上一次乘减的个位档即为下一次乘减的十位档。

（4）定位记商。用盘上公式定位法(首档无商,m－n;首档有商,m－n＋1)或按固定个位档定位法(m－n)进行定位并记商,能除尽,算盘上的数即商数,不能除尽,按精确度要求取舍。

【例 2-4-9】 119 646÷391＝306

① 按盘上公式定位法,将被除数 119646 从算盘左边第二档起拨入(如图 2-4-27 所示)。

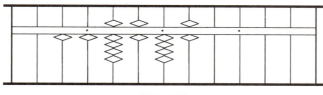

图 2-4-27

② 除数首位 3 除被除数首位 1,用"三一 3 余 1"口诀,得初商 3,余数为 29646(如图 2-4-28 所示)。

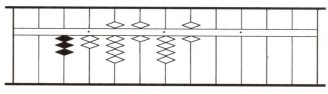

图 2-4-28

③ 从初商 3 右边一档起减其与除数第二位 9 和第三位 1 的积,"三九 27""三一 03",余数为 2346(如图 2-4-29 所示)。

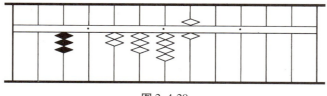

图 2-4-29

④ 除数首位 3 除余数首位 2,用"三二 6 余 2"口诀得初商 6,减积过程略,恰好除尽(如图 2-4-30 所示)。

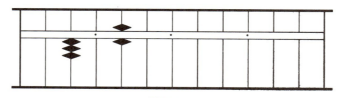

图 2-4-30

⑤ 用盘上公式定位法定位,因算盘首档无商数,故用公式 m－n＝6－3＝3(位)定位,得商数为 306。

3. 补商

如果初商与除数首位以外的各数乘减后,商数右边一档起的余数首位大于或等于除数首位,则说明这个商数求得偏小了,需进行补商。

补商的方法是:初商暂不与除数首位以外的各数相乘,而是先用"逢几进几"口诀进行补商,然后用补商后的商与除数首位以外的各数相乘,乘积从被除数中减去。

【例 2-4-10】　16 952÷3.26＝5 200

① 按盘上公式定位法,将被除数 16952 从算盘左边第二档起拨入(如图 2-4-31 所示)。

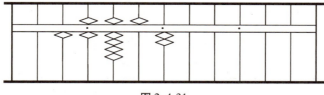

图 2-4-31

② 除数首位 3 除被除数首位 1,用"三一 3 余 1"口诀,得初商 3,余数为 7952(如图 2-4-32 所示)。

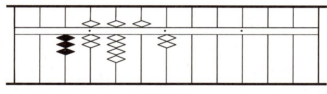

图 2-4-32

③ 因初商 3 右一档余数首位 7 大于除数首位 3,初商偏小,用"逢 6 进 2"口诀补商,得商数 5,余数为 1952(如图 2-4-33 所示)。

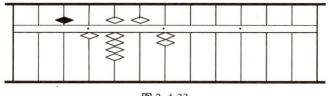

图 2-4-33

④ 从初商 5 右边一档起减其与除数第二位 2 和第三位 6 的积,余数为 0652(如图 2-4-34 所示)。

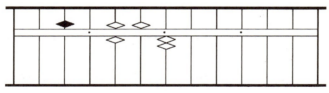

图 2-4-34

⑤ 除数首位3除余数首位6,用"逢六进2"口诀,得初商2,减积过程略,恰好除尽(如图2-4-35所示)。

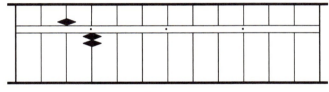

图 2-4-35

⑥ 用盘上公式定位法定位,因算盘首档无商数,故用公式 m − n = 5 − 1 = 4(位)定位,得商数为 5 200。

4. 退商

用九归口诀求得的补商有时也会偏大,这时就得用退商口诀来退商。如表2-4-2所示。

表 2-4-2 退商口诀表

除数首位数	单归	运用口诀	除数首位数	单归	运用口诀
1	一归	不够减退一下还1	6	六归	不够减退一下还6
2	二归	不够减退一下还2	7	七归	不够减退一下还7
3	三归	不够减退一下还3	8	八归	不够减退一下还8
4	四归	不够减退一下还4	9	九归	不够减退一下还9
5	五归	不够减退一下还5			

这九句口诀无须死记硬背,只要理解其要领即可。即当余数不够减初商与除数的乘积时,在初商中减1,再在补商的右一档加上除数的首位数。

退商的方法为:在初商中减去1,再在商数右边一档起加还已经与初商乘减过的前几位除数(包括除数的首位数)。注意,从被除数或余数中减退商后的商数与未乘减过的除数的乘积时,要做到手指不离档,即退一还除过数后,手指要指在最末位档,退商后的商数与未乘减过的除数的乘积就从这一档开始乘减。

【例2-4-11】 416.852 ÷ 529 = 0.788

① 按盘上公式定位法,将被除数 416852 从算盘左边第二档起拨入(如图2-4-36所示)。

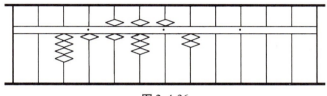

图 2-4-36

② 除数首位5除被除数首位4,用"五四改作8"口诀,得初商8,余数为16852(如图2-4-37所示)。

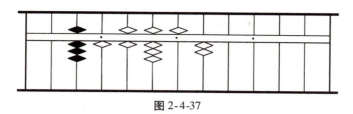

图 2-4-37

③ 从初商 8 右一档起减其与除数第二位 2 的积,余数为 00852(如图 2-4-38 所示)。

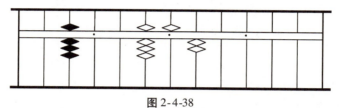

图 2-4-38

④ 余数不够减初商 8 与除数第三位 9 的积,应在初商 8 上退商 1,然后从右边一档起加还除过数 52,余数为 52852(如图 2-4-39 所示)。

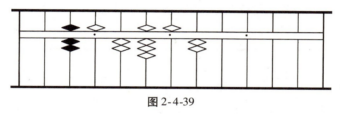

图 2-4-39

⑤ 从商右边第二档起减退商后的商数 7 与未乘减过的除数第三位 9 的积 63,余数为 46552,继续用九归口诀进行运算,计算过程略。

⑥ 最后盘面结果为 788(如图 2-4-40 所示)。

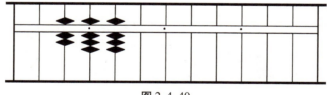

图 2-4-40

⑦ 用盘上公式定位法定位,因算盘首档无商数,故用公式 m-n=3-3=0(位)定位,得商数为 0.788。

5. 撞归

当除数和被除数首位相同,但除数第二位大于被除数第二位时,如使用九归口诀,会发现被除数不够减除,这时,应使用撞归口诀。撞归口诀共九句,如表 2-4-3 所示。

表 2-4-3　撞归口诀表

除数首位数	单归	运用口诀	除数首位数	单归	运用口诀
1	一归	见一无除作91	6	六归	见六无除作96
2	二归	见二无除作92	7	七归	见七无除作97
3	三归	见三无除作93	8	八归	见八无除作98
4	四归	见四无除作94	9	九归	见九无除作99
5	五归	见五无除作95			

这九句口诀也无须死记硬背，只要理解其要领即可。即当发现除数和被除数首位相等且除数第二位大于被除数第二位时，直接将被除数的首位数改作商数"9"，作为初商，并在下一档加上除数的首位数，然后再从初商的右边一档起减初商与除数第二位直至末位各数的积。

【例 2-4-12】　$6\,027.75 \div 634.5 = 9.5$

① 按盘上公式定位法，将被除数 602775 从算盘左边第二档起拨入（如图 2-4-41 所示）。

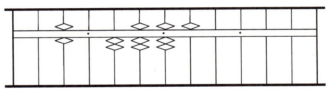

图 2-4-41

② 用撞归口诀"见六无除作96"，将被除数首位6改成9，再在右一档上加6，得初商9，余数为62775（如图 2-4-42 所示）。

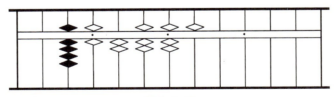

图 2-4-42

③ 从初商9右边一档起减其与除数第二位3、第三位4和第四位5的积，余数为31725，继续用九归口诀进行运算，计算过程略。

④ 最后盘面结果为95（如图 2-4-43 所示）。

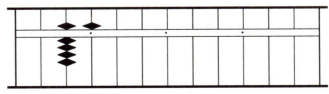

图 2-4-43

⑤ 定位，m - n = 4 - 3 = 1（位），得商数为 9.5。

四、简捷除法

（一）补数除法

补数除法是把除数凑成齐数，用齐数首位除被除数首位或首次两位来求商，然后从被除数中减去商与齐数的积，再加上商与补数的积的方法。如 26 298 ÷ 487，除数 487 的齐数为 500，补数为 013，用齐数首位 5 除被除数首次两位 26 得商 5，减商 5 与除数 487 的积，即 -5 × 487 = -5 × (500 - 013) = -5 × 500 + 5 × 013。加商与补数的积时，要注意加积档次的确定，补数是第几位，其积的十位就加在商右边第几档上。

【例 2-4-13】 910.8 ÷ 3.96 = 230（用隔位商除法运算）

① 按盘上公式定位法，将 9108 从算盘左边第三档起拨入（如图 2-4-44 所示）。

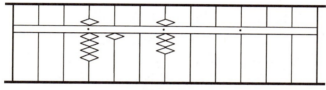

图 2-4-44

② 除数 396 的齐数为 400，补数为 004，齐数首位 4 除被除数首位 9 得商 2，由于被除数首位 9 大于除数首位 3，故隔位置商，然后从商右边一档起减商 2 与齐数 4 的积，再加上商 2 与补数 004 的积，得余数 1188（如图 2-4-45 所示）。

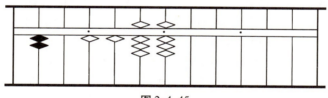

图 2-4-45

③ 齐数首位 4 除余数首次两位 11 得商 2，然后从商右边一档起减商 2 与齐数 4 的积，再加上商 2 与补数 004 的积，得余数 396（如图 2-4-46 所示）。

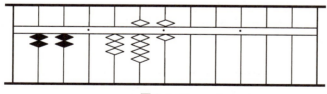

图 2-4-46

④ 余数 396 与除数相等，说明估商偏小，补商 1，然后从商右边隔一档起减除数，恰好除尽（如图 2-4-47 所示）。

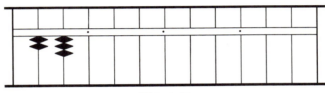

图 2-4-47

⑤ 定位,m - n + 1 = 3 - 1 + 1 = 3(位),得商数为 230。

（二）**省除法**

在多位数除法中,当被除数和除数位数较多且对商数只要求达到近似值时,可以适当截去被除数和除数的尾数,使得运算简捷,加快运算速度。

省除法的运算方法和步骤为:

(1) 确定截取公式。

用隔位商除法时,计算公式为:m - n + y + 2(保险位数)

用归除法时,计算公式为:m - n + y + 1(保险位数)

其中,m 是被除数的位数,n 是除数的位数,y 是精确度要求的位数。

(2) 截取位数。根据计算出的位数截取被除数与除数的位数,末位数要看下一位数的大小,按四舍五入处理。

(3) 置截取后的被除数入盘并确定压尾档。压尾档即被除数的下一档,本书用"▼"表示压尾档。

(4) 求商。用商除法或归除法进行求商。

(5) 减积。在减商数与截取后的除数的积时,减到压尾档时按四舍五入处理,即减 5 ~ 9 时在压尾档的前一档减 1,其后不再乘减。这样依次计算到余数只剩压尾档前两档有算珠,且小于除数头两位数为止(即不够除)。

(6) 将压尾档的前几档上的数(被除数的余数)心算加倍。如用隔位商除法运算,则将压尾档的前两档的数加倍;如用归除法运算,则将压尾档的前一档的数加倍,与除数的首次两位比较,如小则舍去,如大则将商的末位数加 1。

【例 2-4-14】 597.493 85 ÷ 74.325 8 = 8.04(用隔位商除法运算,精确到 0.01)

(1) 计算截取位数:3 - 2 + 2(精确度要求的位数) + 2(保险位数) = 5 位,然后截取被除数为 59749(第六位 3 舍去),截取除数为 74326(第六位 8 进 1)。

(2) 从算盘左边第三档起将截取后的被除数 59749 拨入,并在被除数的后一档作压尾档记号(如图 2-4-48 所示)。

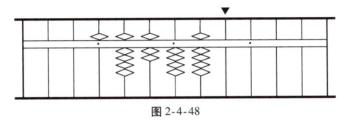

图 2-4-48

(3) 进行相除运算。

① 估商 8,"头小邻位商",拨在被除数首位 5 的左边一档上(如图 2-4-49 所示)。

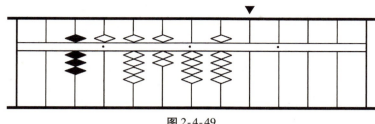

图 2-4-49

② 从商右一档起减商数 8 与截取后的除数 74326 的乘积,减至压尾档时应减 8,故按四舍五入处理,应在压尾档的前一档减 1,余数为 288(如图 2-4-50 所示)。

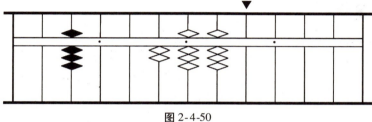

图 2-4-50

③ 估商 3,"头小邻位商",拨在余数首位 2 的左边一档上(如图 2-4-51 所示)。

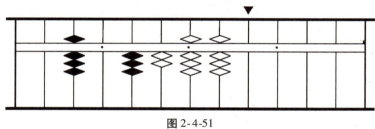

图 2-4-51

④ 从商右一档起减商数 3 与截取后的除数 74326 的乘积,减至压尾档时应减 9,故按四舍五入处理,应在压尾档的前一档减 1,余数为 65(如图 2-4-52 所示)。

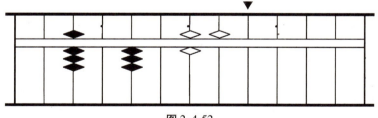

图 2-4-52

⑤ 压尾档的前两档的数为 65,加倍为 130,大于除数的首次两位 74,故应在末位商上加 1,得商数 804(如图 2-4-53 所示)。

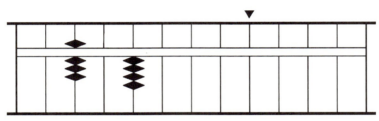

图 2-4-53

（4）定位，3－2＝1（位），得商数 8.04。

1. 用商除法计算下列各题（精确到 0.01）。
（1） 4 515÷215＝
（2） 361 548÷726＝
（3） 30 715.9÷40.9＝
（4） 152 796÷357＝
（5） 315 315÷0.735＝
（6） 580 511÷947＝
（7） 448 775÷725＝
（8） 585 190÷842＝
（9） 36.777 4÷14.6＝
（10） 105 084÷278＝
（11） 14 757.22÷1 657＝
（12） 10.138 8÷2.48＝
（13） 10 062÷258＝
（14） 817 938÷918＝
（15） 35 381.50÷919＝
（16） 97 008÷376＝

2. 用归除法计算下列各题（精确到 0.01）。
（1） 8 064÷873＝
（2） 0.814 32÷0.232＝
（3） 125 856÷414＝
（4） 513 585÷565＝
（5） 411.68÷41.5＝
（6） 603 384÷744＝
（7） 3 169.44÷56.8＝
（8） 8.704 8÷0.279＝
（9） 6 072÷827＝
（10） 97 008÷376＝

(11) 15 746.5 ÷ 40.9 =

(12) 4 449.12 ÷ 829 =

(13) 213 150 ÷ 43.5 =

(14) 116 358 ÷ 246 =

(15) 483 944 ÷ 537 =

(16) 447 168 ÷ 548 =

3. 用补数除法计算下列各题(精确到 0.01)。

(1) 46 129 ÷ 283 =

(2) 8.190 6 ÷ 9.35 =

(3) 29.047 2 ÷ 0.798 =

(4) 109 068 ÷ 298 =

(5) 157 472 ÷ 296 =

(6) 73 358 ÷ 853 =

(7) 524 388 ÷ 982 =

(8) 15 252 ÷ 492 =

(9) 31 942.08 ÷ 369.7 =

(10) 985 026 ÷ 9.98 =

4. 用省除法计算下列各题(精确到 0.01)。

(1) 3.902 08 ÷ 0.053 456 =

(2) 476.431 82 ÷ 65 273.18 =

(3) 4 615.836 2 ÷ 295.436 =

(4) 0.635 748 32 ÷ 85.413 7 =

(5) 34.571 654 ÷ 71.376 4 =

(6) 1.680 838 ÷ 0.359 437 4 =

(7) 41.925 18 ÷ 91.74 =

(8) 4 827.53 ÷ 421.713 =

(9) 401.217 3 ÷ 46.173 2 =

(10) 57.346 196 8 ÷ 7.343 85 =

 比一比、赛一赛

略,见配套珠算训练题。

实训 5　传票算与账表算

阅读资料

我国最初的会计核算，就是在钱庄（也叫"票号"，相当于现在的银行）里每个人都把当天发生的账目记在同一张纸上，由于这张纸要在他们中间传来传去，异地之间的传递还设有密押，所以就叫作"传票"（如图 2-5-1 所示），后来就演变成了会计凭证的代名词。现在，会计使用的记账凭证和银行里的一些凭证仍被称为"传票"。传票即记账凭证，记账凭证包括"凭证和原始单据"，应定期装订成册。

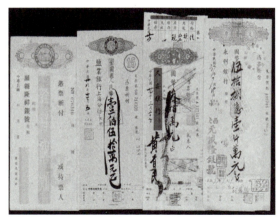 

图 2-5-1　古代钱庄的传票

在经济业务中，企业部门的会计核算、统计报表、财务分析、计划检查等业务活动，其报表资料的数字来源都是通过会计凭证的计算、汇总而获得的。这些会计凭证的汇总即传票运算，其运算速度及结果准确与否，直接影响到各个项目业务活动数据的可靠性、及时性；而报表、汇总表均属于表格计算，通过这些报表汇总运算，取得有效数字，从而为有关部门制定政策提供数字依据。

一、传票算

传票算，也称传票运算。它是对各种单据、发票和记账凭证进行汇总计算的一种方法，也可称为凭证汇总算，它也是加减运算中的一种常用方式。在财经工作中，对凭证的计算处理是第一道"工序"，"传票算"也因此得名。

（一）传票算的种类

传票算的种类多种多样（如图 2-5-2 所示）。

（1）根据传票装订与否，分为装订本和活页本两种。装订本如发票存根、收据存根和各种装订成的单据等。

（2）按照计算内容的不同，分为单式传票（单项目传票）和复式传票（多项目传票）两种。单式传票如银行支票、领料单等；复式传票如记账凭证、生产记录表等。比赛时用的传票就是模拟实际工作中的传票设计的。

（3）全国珠算比赛用传票是装订本的复式传票。

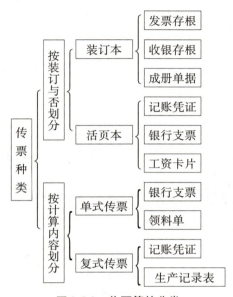

图 2-5-2　传票算的分类

阅读资料

传票算是全国珠算技术比赛项目之一，在实际工作中运用相当广泛，如计算成叠的发票、收支凭证、有价证券等。

现行珠算比赛使用的传票（如图 2-5-3 所示），其规格为：

◇ 长 19cm、宽 9cm 的 60g 书写纸，用 4 号手写体铅字印制。每面各行数字下加横线，其中两行和四行为粗线。

◇ 传票左上角装订成册，中间夹 1~2 根色带，每本共 100 页（反面没有数字）。

◇ 每页五行，各行数字从 1~100 页均为 550 字，每笔最高为 7 位数，最低为 4 位数，全为金额单位。

◇ 每连续 20 页为一题，计 110 字，0~9 各字码均衡出现。命题时任意选定起止页数。

◇ 在每个数字前由上至下一次印有题号（一）、（二）、（三）、（四）、（五），（一）表示第一行数字，（二）表示第二行数字……（五）表示第五行数字。

◇ 页码印在右上角，一般用阿拉伯数字标明，每一页的尺寸一样，并在左上角有空白处，计算时可用夹子夹起运算。

◇ 比赛时采用限时不限量的比赛方法，每场规定 15 分钟，每题规定打 20 页某一行数字的合计，共计 110 个数字，计算正确一题得 15 分。

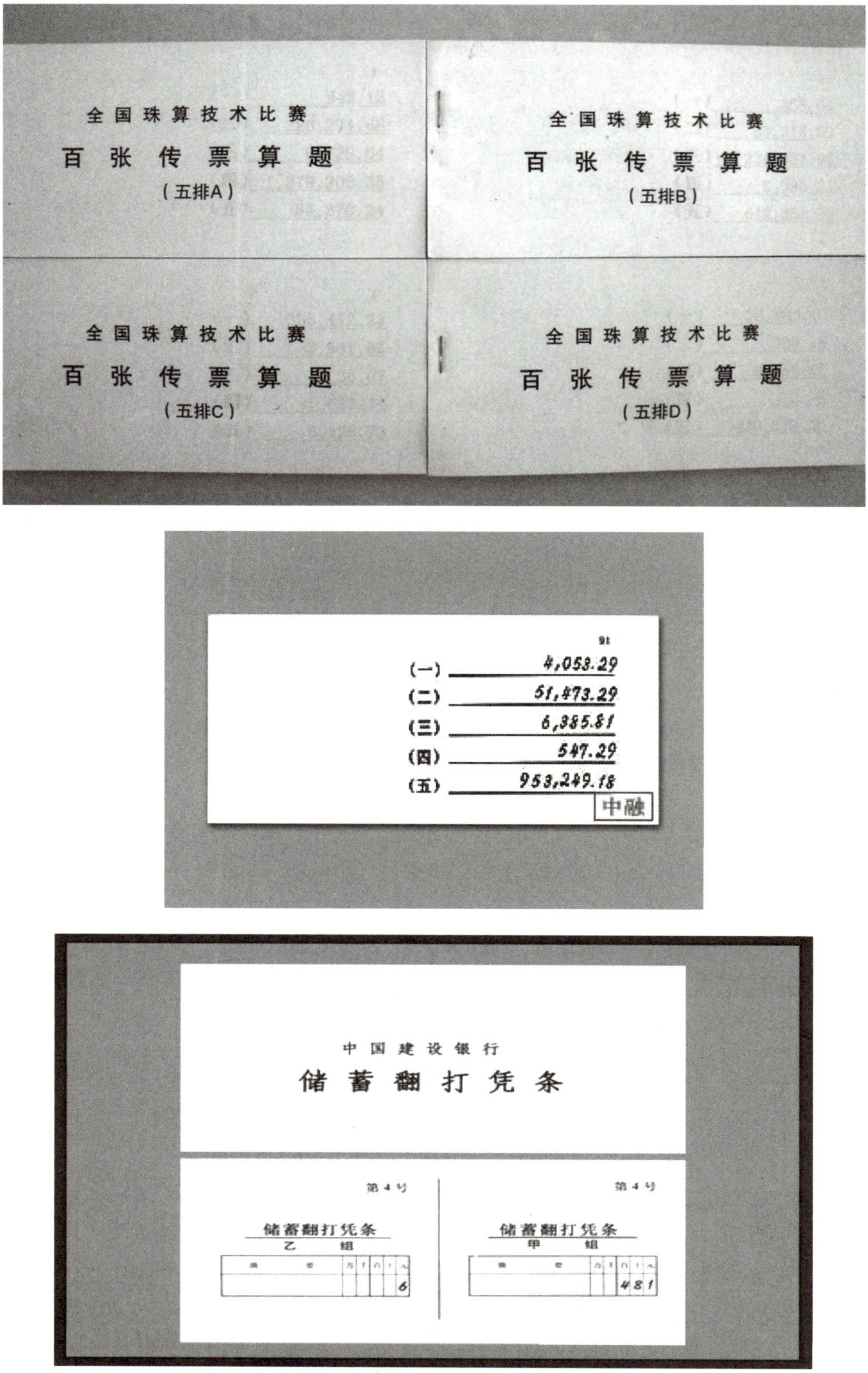

图 2-5-3　全国珠算比赛用传票

（二）传票算的题型（以全国珠算比赛题型为例）

订本式传票一般为每本100页，每页传票上有五行（笔）数字。在传票本每页的右上角印有阿拉伯数字，表示传票的页码，如58，表示第58页传票，在行次也印有数字，如（一）52.36，表示第58页第一行数字是52.36，依此类推。

【例2-5-1】   58
（一）_____52.36
（二）_____127.88
（三）_____61 473.95
（四）_____9 271.34
（五）_____519.70

根据传票运算的特点，计算时除传票算盘外，另外还需有一张传票试题答案纸。表2-5-1即为一张传票试题。

表2-5-1　珠算传票试题

题　号	行　次	起止页数	合　计　数
一	（五）	11—30	
二	（三）	27—46	
三	（四）	50—69	
四	（二）	69—88	
…	…	…	

传票算试题连续20页为一题。例如：第二题为从27页开始到46页为止，将每页第三行的数字累加起来，然后将结果填写在合计栏内。

（三）传票算的运算步骤

传票是一种综合运算，它本身的运算特点决定了其运算步骤主要包括以下几个方面：传票摆放的位置、整理传票、找页、翻页和记页等。

1. 传票摆放的位置

传票运算时，一般是左手翻动传票，右手打算盘。传票应摆放在合适的位置上，如果使用小算盘，可将传票放在算盘的左上方，传票试题放在算盘的右下方；如果使用大中型算盘，可将传票斜放在算盘的左下方。传票摆放位置应以看数和计算方便为宜，贴近算盘。为便于左手翻页，传票的左底边应离开算盘顶框约2cm，左手放进传票偏左的位置，用拇指突出的部位翻动传票。

2. 整理传票

在拿到传票时，首先检查传票中是否有缺页、重页的情况。为了提高运算速度，加快翻页的动作，避免在翻动传票时一次翻多页或漏页，在运算前可将传票捻成扇形，并使每张传票自然松动，不会出现黏在一起的情况。

打扇形的方法：用左手握住传票的左上角，拇指放在传票封面的上部，其余四指放在传票背面；右手握住传票的右上角，拇指放在传票封面的上部，其余四指放在传票背面，轻轻捻动几下，传票自然展开成扇形。扇形幅度不宜过大，一般封面与底页外侧上角偏出最大距离为1~2cm,以左手食指能全部夹住已打开的传票为好。

将传票捻成扇形后,即用夹子将传票左上角夹住,使扇面固定,防止错乱。

3. 翻页

传票翻页的方法:左手的小指、无名指和中指放在传票封面的左下方,食指、拇指放在每题的起始页,然后用拇指翻动传票。当拇指翻上一页后,食指迅速放在其下面,与拇指一起将传票夹住,避免出现翻重页的情况。

翻页与拨珠必须同时进行,票页不宜掀得太高,角度越小越好,以能看清数据为准。

4. 找页

现行珠算比赛传票算不是按顺序一页一页打下来的,而是任意连续的20页,如表2-5-1中的四道算题,第一题就是11页到30页,第二题又倒至27页至46页。因此,就必须学会传票的找页,找页是打传票的一个很重要的基本功。找页又务必与看行、看数、拨珠等动作连贯。

5. 记页

传票运算除翻页外还需要记页。因为传票计算每题由20页组成,为了避免在计算的过程中发生超页或打不够页的现象,必须在计算过程中默记打了多少次。如果用一目一页的打法就要默记20次,然后核对该题的起止页,立即书写答数;如果用一目两页的打法,只需默记10次后核对该题的起止页即可书写答数。记页通过反复练习,熟练后就能准确地进行运算。

(四) 传票算的计算方法

1. 一次一页打法

进行传票运算时,翻一页打一笔数的方法叫一次一页打法。如27页至46页第三行打出一个合计数。一次一页打法采用一次计算一笔数字,翻页、拨珠动作较多,不利于提高计算效率和计算水平。一次一页的打法主要有传统打法和穿梭打法两种。

【例2-5-2】 "27—46(三)"

第1页第三行数为　　　　70 281.45
第2页第三行数为　　　　　　317.68
第3页第三行数为　　　　　　　59.36
……

解题步骤为:

传统打法:将第1页中的70 281.45从左到右一次拨入算盘,在拨入"45"时,拇指翻起第1页,大脑按顺序默记1次。将第2页中的317.68从左到右一次拨加,在快拨如"68"时,拇指翻起第2页,大脑按顺序默记2次……直至默记19次,运算到第20页,右手抄写答数,同时左手找下一题的起页,再进行下一题的运算。

穿梭打法:穿梭打法是在打第2页时,将数字317.68从右到左拨加,第3页59.36再从左到右拨加,来回穿梭,记页时来回一次默记一次,只要默记9次就可以写答数了。

比一比

自备传票算题,计算"27—49(四)",体验一下传统打法和穿梭打法,并说说自己对两种打法的感受。

2. 一次两页打法

所谓一次两页打法，就是心算两页合计数直接一次拨珠。心算两页合计如同心算加减法所采用的一目两行一样，加强练习后能熟练掌握。

一次两页翻页方法：小指、中指、无名指放在传票的封面上，食指放在起页上，拇指略翻起传票，翻的高度以能看到次页传票数字为标准，然后用心算计算出两页有关行次的数字之和拨入算盘。当和数的最后两个数字或一个数字拨入算盘时，拇指迅速将前两页翻过，食指夹住，再用拇指略翻起传票，如此两页地进行下去。

【例2-5-3】 "27—46（三）"，数据同【例2-5-2】。

第1页和第2页心算求和为70 599.13，当和数最后两个数"13"即将拨入算盘时，把这两页翻起，同时在脑子里默记一次。重复以上动作，默记9次，写出答数。

3. 一次三页打法

所谓一次三页打法，就是将传票的三页数字心算相加一次拨珠。

一次三页翻页方法：无名指和小指放在传票的封面上，中指放在算题的起页上，然后拇指翻起一页用食指夹住，拇指再翻起一页，使眼睛能迅速看清三页里有关行次的数字，然后心算出三行对应行数字之和直接拨入算盘。当和数的最后两位数字即将拨入算盘时，拇指应迅速将前三页翻过，中指夹住，拇指翻起一页，食指夹住，拇指再翻过页，如此一次翻三页传票运算下去。

由于三页一次运算难度更大，可先将算题的第1、2页有关行数迅速心算，再与第3页对应行数字相加，一次拨珠成功。

练一练

自备传票算题，分别用一次两页和一次三页的方法，从第1页开始，求每20页第五行的答数。

4. 一次20页打法

随着珠心算的发展，目前出现了一种新的打法——一次20页打法，即20页心算拨珠一次。

翻页方法有两种：

一是按传统一次一页的方法，用左手翻页，大脑心算。

二是用两只手翻页，用右手的拇指和食指将起页捻起，左手的拇指迅速放入起页下面，右手拇指和食指迅速将下一页传票捻起，左手拇指又迅速放入这一页的下面，然后按同样的方法翻页。它的打法主要是逐页分段心算相加，分段入盘。一般可以分为三次：先对最高位至千位进行心算，运算到第20页，将这20页心算之和拨入算盘；再将传票倒回到起页，心算百位至个位数，运算到20页，将心算之和拨珠入盘；再将传票倒回到起页，心算最后的两位小数，将这20页的心算之和拨珠入盘，最后抄写答案。

传票算练习方法

1. 用左手专门练习一次翻两页或一次翻三页的翻法。

2. 练习翻页心算。左手翻页，用一目两行或三行心算，不拨珠，每天练习30分钟。

3. 记页练习。为了避免多打或打错页，最好的方法是翻一次页记一次。在训练中，运算的数据要分节看数，不要默念，只凭数字的字形反应直接拨珠，心里默记翻页次数，20页为一题的，用一次翻两页打法只需记9次，用一次翻三页打法只需记6次，如此反复练习，就习惯记页。

4. 按传票算题及比赛规则进行实际传票一次两页或一次三页的打法综合练习。

1. 自备百张复式传票算，用一次一页或一次两页、一次三页的方法，从第一页开始，求每20页的第三行的合计数。再用同样方法求第一行、第二行、第四行、第五行的合计数。

2. 采用限时不限量的方法计算比赛用传票算题，每天集中训练30分钟（达标要求：每10分钟打对7题为合格，打对8题为良好，打对9题为优秀）。

二、账表算

账表算又称表格算，是珠算技术比赛五项目之一。它是把纵向运算与横向运算合并于一张表格中，用横向和纵向栏相互交叉的数据分别进行横向和纵向相加减运算，最后求得两个总数相等，俗称"轧平"的计算。

账表算的运用极其普遍，特别是我们的财会、统计人员经常同账表算打交道，并用它作为汇总数据的重要方法，如会计报表的合计、累计、分组算等均属此类运算。

（一）账表算的种类

账表算按形式的不同可分为竖式账表算和横式账表算；按计算内容的不同可分为单项目算、多项目算。种类不同，打法上也有区别。现以比赛用账表为例，说明账表算的方法。

 阅读资料

全国新标准比赛使用的账表，其结构一般为：

◇ 每张表由横五栏纵二十行数码组成，即纵向5个算题、横向20个算题。要求纵、横轧平，结出总计数。

◇ 账表中各行数字最低为四位，最高为八位。纵向五个算题每题为120个字码，由四至八位数各四行组成；横向每题为30个字码，由四至八位数各一行组成。均为整数，不带角分。

◇ 每张账表中有四个减号，纵向第四、第五题中各有两个，横向分别在四个题中各有一个。

◇ 账表算不设倒减法。

（二）账表算的题型

现行全国比赛办法规定：账表的纵向 5 题，每题 14 分；横向 20 题，每题 4 分；纵横两总数轧平，再加 50 分（基本格式见表 2-5-2）。因此，要尽量做到每道题都能计算准确，这就需要在运算方法上下一定的功夫。由于平时练习都是接触直行加减算，对横向加减算练习太少，所以对横向加减算就缺乏有一定速度的简捷算法。

表 2-5-2　账表算

行次	（一）	（二）	（三）	（四）	（五）	合计
一	80 865 714	7 362 081	491 250	4 973	85 326	
二	23 816	4 297	7 013 865	701 495	28 691 403	
三	1 372 598	670 159	83 401 657	− 59 684	4 258	
四	5 183	63 208 517	30 916	4 401 987	385 017	
…						
二十	538 264	26 476	4 543	61 083 724	5 349 726	
合计						

账表算一般采用限时不限量的比赛方法，比赛时间每场 15 分钟。全卷两张，要求按顺序算题，前表不打完，后表不计分；跳一题，倒扣一道正确题的分数。

（三）账表算的运算步骤

很显然，账表算的基本功来源于加减法，它同加减法最初练习一样，必须有过硬的拨珠指法和看数写数等本领。就账表算而言，其运算程序如下。

1. 握盘

把账表平放于桌上，表的正面对准自己的胸前，用左手握住菱形长条形小算盘（用此种算盘打账表最合适）放于账表面上，用右手逐行从上而下夹笔拨珠。

握盘的方法，是用左手握住算盘左端约四、五档的上下框边，拇指握住算盘的下框，食指、中指、无名指和小指握住算盘的上框，食指与中指尽量能接近清盘器以便随时清盘。握盘时不要把食指弯曲于算盘底部，以免触珠或使算盘不平。

2. 算前定位

运算前在算盘上可标明位数，并按三位一个分界，这样便可迅速判断出所给的数据的最高位或最低位在算盘上所处的位置。

3. 移盘

尽管菱珠型算盘经过改装在其底部安装有三个呈三角形的橡皮垫，这样便在算盘底部形成一纸厚的空隙。但是，通常不用左手将账表在算盘底下做上下移动，因为这样做会使左手离开算盘，那么左手握盘也就失去意义，从而也就实现不了提高运算速度的目的。因此，在开始运算时，即将算盘放于表的上方，露出第一行算题，左手握盘，右手夹笔拨珠；再移动算盘露出第二行算题，左手握盘，右手夹笔拨珠……如此一直移盘运算下去。熟练时，可把整个动作连贯起来，即在右手拨珠的同时，左手则缓缓将算盘向下移动至下一道算题，此时刚好上一道算题已拨完，同时已看好下道算题的数据，迅速拨珠，如此完成下去。注意移盘时要持平,千万不要倾斜,以免滑珠;动作要轻稳,以防串珠。

(四) 账表算的计算方法

1. 横向加减算

(1) 一目一栏法。账表算的横向20道算题,一般采用一目一栏的传统打法。一行数字运算完后,左手向右移指着下一行数字,右手从高位到低位进行拨珠。这种打法比较传统,对于初学者掌握一些基本要领很有好处,但运算速度缓慢,手左右移动次数太多,且首位数比较难找。此方法熟练后可结合穿梭打法进行账表算的横向计算。

练一练

试用一目一栏来回穿梭法计算下表横向的合计金额。

行次	(一)	(二)	(三)	(四)	(五)	合计
一	2 805 714	78 153	491 250	85 326	700 264	
二	73 816	4 297	7 013 865	2 691 403	26 479	
三	39 864	670 159	65 792	-4 258	5 432	
四	6 183	2 108 517	309 168	385 017	7 265	
合计						

(2) 一目两栏法。待有了比较好的握盘、移盘等基本功后,就有必要进行速度练习,也就是要采取珠算与心算相结合的运算方法。一目两栏法是在对横向两栏数相加减时,用左手无名指和中指分别点在两栏数的相同位数上,然后用心算将两个同位数相加减,将和逐位拨入算盘的对应档上。当和数的最后两个数即将拨入算盘时,手指又迅速移至横向另两栏数,方法同上,最后单独加第五栏数。

【例2-5-4】

行次	(一)	(二)	(三)	(四)	(五)	合计
一	2 805 714	78 153	491 250	85 326	700 264	

↑ ↑ ↑ ↑
无名指 中指 无名指 中指

解题步骤:

第一步:对(一)(二)两栏数字心算相加。用左手无名者和中指分别点在相邻两位数的中心位置,在最高位百万位档上拨加"2",十万位档上拨加"8",万位档上拨加"7"(0+7),千位档上拨加"13"(5+8),百位档上拨加"8"(7+1),十位档上拨加"6"(1+5),个位档上拨加"7"(4+3),得前两栏的结果:2 883 867。

第二步:对(三)(四)两栏心算相加。无名指和中指移至第三栏、第四栏的中心位置,将两数的同位数心算相加,把各位数额心算结果直接拨加到前两栏的小计数上。在十万位档上拨加"4",在万位档上拨加"17"(9+8),在千位档上拨加"6"(1+5),在百位档上拨加"5"(2+3),在十位档上拨加"7"(5+2),在个位档上拨加"6"(0+6),得前四栏结果:

3 400 443。

第三步：将(五)栏数拨加入盘。得五栏合计结果：4 100 707。

由此可见，横向一目两栏的运算主要是解决横向合并连加算的问题，在实际操作过程中可将一目两栏与分节加减、来回运算相结合，提高运算的效率和速度。

横向一目两栏的运算主要有"二二一打法"和"二一二打法"两种(如图 2-5-4 所示)。

第一种：将账表的横向两栏合并做一次运算，运算两次后，第五栏直接拨加，简称"二二一"打法。

第二种：或将首位两栏合并做一次运算，中间一栏直接拨加，这种方法犹如一人挑着柴担一样，简称"二一二"打法。

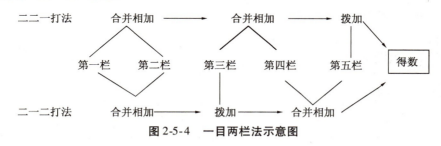

图 2-5-4　一目两栏法示意图

练一练

试用一目两栏法计算下表横向的合计金额。

行次	（一）	（二）	（三）	（四）	（五）	合计
一	2 805 714	78 153	491 250	85 326	700 264	
二	73 816	4 297	7 013 865	2 691 403	26 479	
三	39 864	670 159	65 792	− 4 258	5 432	
四	6 183	2 108 517	309 168	385 017	7 265	
合计						

（3）一目三栏法。方法是在对横向三栏数相加减时，用左手无名指、中指和食指，分别点在第一、第二、第三栏的相同位数上，一般点在千位数上，然后用心算将三个同位数相加减，并将其和逐位拨入盘上对应档上。当和数的最后两个数即将拨入盘时，手指又迅速移至横向题右两栏数的相同位数上，采用一目两栏法心算后两栏各位数的结果，并直接加到前三栏的结果上，从而计算出横向五栏数字的合计数。

【例 2-5-5】

行次	（一）	（二）	（三）	（四）	（五）	合计
一	2 805 714	78 153	491 250	85 326	700 264	
	↑	↑	↑	↑	↑	
	无名指	中指	食指	无名指	中指	

解题步骤：
第一步：用一目三栏法求出前三栏的小计数 3 375 117。
第二步：用一目两栏法计算后两栏的结果直接拨加（减）到前三栏的小计数上，便得出这道横向账表题的计算结果：4 100 707。

2. 纵向加减算

纵向加减算根据自己掌握的加减算方法进行运算。主要有一目两行、一目三行、一目多行弃九法等，还可以与穿梭运算法结合进行。

3. 纵横轧平运算

运算方法和纵算、横算方法一样，一般采用合计 5 道纵向算题的答数方法，一次成功；再用合计 20 道横向算题的答数的方法进行核对。

试完成下表的合计金额。

行次	（一）	（二）	（三）	（四）	（五）	合计
一	2 805 714	78 153	491 250	85 326	700 264	
二	73 816	4 297	7 013 865	2 691 403	26 479	
三	39 864	670 159	65 792	-4 258	5 432	
四	6 183	2 108 517	309 168	385 017	7 265	
合计						

（五）实际工作中的账表算

以会计报表填制为例说明会计报表的编制有其规律性，数据之间也相互关联。通过训练，学生能够掌握资产负债表、利润表部分数据的填制方法，并进一步巩固、加强计算能力。

试完成下表。

利 润 表

项 目	2007 年	2008 年	2009 年
一、主营业务收入	74 454 944	69 599 968	93 419 736
减：主营业务成本	18 642 630	16 996 936	20 697 476
减：营业税金及附加	3 528 211	2 882 190	4 574 361
二、主营业务利润			
加：其他业务利润	442 212	227 267	0
减：营业费用	17 671 828	16 467 402	23 447 544
管理费用	26 884 104	27 388 880	25 925 998

续表

项　目	2007 年	2008 年	2009 年
财务费用	7 088 224	5 345 317	7 715 119
三、营业利润			
加：投资收益	-641 000	162 865	-3 813 979
补贴收入	0	460 000	0
营业外收入	80 632	102 648	3 030
减：营业外支出	2 486	411	691 314
四、利润总额			
减：所得税	213 295	421 776	1 542 895
五、净利润			

账表算的练习方法

1. 看数是关键，应经常进行看数练习。在账表算中，除练习竖式加减题看数外，还要特别注意练习横式算题看数。因横式算题所占比重较大，直接影响运算速度，因此，只有横向看数熟练了，才能做到拨珠顺畅有序、干净利落。

2. 运算时精力要集中，并增强排除干扰的能力，特别是比赛时要做到临场不乱，稳定情绪不急躁，才能防止差错，把表轧平。

3. 因账表算写数较多，要特别注意练习盯盘写数，提高写数速度与质量。同时，力求做到 4 秒钟左右写完答数，清盘、定位基本不用时间。

4. 练习时出现错误要及时查明原因。正确处理快与准的关系，做到在准确的基础上求快。

自备账表算题，运用珠算进行账表算的计算。

1. 账表算，全国珠算等级鉴定普通五级标准，争取在 20 分钟内打完。
2. 账表算，全国珠算等级鉴定普通四级标准，比一比，看谁打得对，花的时间少。
3. 账表算，全国珠算比赛用账表，15 分钟内完成。
4. 会计报表的填制（自备资产负债表，列出 2007 年、2008 年、2009 年的金额）。

项目三

点钞与验钞

 实训目标

了解点钞的基本概念、内容,明确点钞的基本程序和具体要求,掌握手工点钞和机器点钞的几种方法。熟练掌握正确的拆把、持钞、点钞、记数和扎把的具体操作方法与技巧。了解外币和假币的种类与特征,掌握验钞的主要方法,学会识别假币。了解人民币的防伪特征,能熟练辨别真伪。

 实训内容

点钞的基本程序和要求,手持式点钞和手按式点钞的具体操作方法,机器点钞过程,钞票的捆扎技术,人民币的鉴别方法和外币的识别方法。

 **实训用具**

点钞券、点钞机、捆钞条、海绵壶、印泥、名章。

实训1 手持式点钞

 阅读资料

点钞技术

点钞包括整点纸币和清点硬币。点钞方法是相当多的,概括而言,可以分为手工点钞和机器点钞两大类。对于手工点钞,根据持票姿势不同,又可分为手持式点钞和手按式点钞。手按式点钞,是将钞票放在台面上操作;手持式点钞,是在手按式点钞方法的基础上发展而来的,其速度远比手按式点钞快,因此,手持式点钞在全国各地应用比较普遍。手持式点钞,根据指法不同又可分为:单指单张、单指多张、多指多张、扇面式点钞4种。手工清点硬币的方法,也是一种手工点钞法。在没有工具之前,硬币全部用手工清点,这是清点硬币的一种基本方法,它不受客观条件的限制,只要熟练掌握,在工作中与工具清点速度相差不大。

点钞是经贸类专业学生应该学习掌握的一项专业技术,也是从事财会、金融、商品经营等工作必须具备的基本技能。点钞作为整理、清点货币的一项专门技术,它对于为社会经济提供信用中介、支付中介以及各项金融服务的银行来说尤其重要。清点钞票是一项比较重要的、技术性很强的工作,要求达到迅速、准确并能鉴别真假,掌握过硬的点钞技能,是每个收银员和出纳员必须具备的业务素质。

一、点钞的基本程序

点钞就是从拆把开始到扎把结束的一个连续、完整的过程,要加快点钞速度,提高点钞水平,必须把各个环节的工作做好,一般包括以下几个环节:起钞—拆把—持钞—清点—墩齐—捆扎—记数—盖章—计算总金额等。

> **重要提示:**
>
> (1) 起钞。一般由左手单手拿起一把钞票做拆把准备。
>
> (2) 拆把。把待点的成把钞票的封条拆掉,同时持钞做好点数的准备。
>
> (3) 持钞。依点钞方法的不同持钞方法也不同,正确的持钞方法是保证点钞准确、快速的基础。
>
> (4) 清点。要求手中点钞、脑中记数;机器清点、眼睛挑残。清点是点钞的关键环节。清点的速度、清点的准确性直接关系到点钞的准确与速度。因此,要勤学苦练清点基本功,做到清点既快又准。
>
> (5) 墩齐。钞券清点完毕扎把前,先要将钞券墩齐,以便扎把保持钞券外观整齐美观。钞票墩齐要求四条边水平,不露头或不呈梯形错开,卷角应拉平。
>
> (6) 捆扎。把点好的每叠百张钞票(或不足百张的尾款)墩齐,用捆钞条扎紧,不足百张在捆钞条上写出实点数,一定要扎紧,以提起第一张钞券不被抽出为准。
>
> (7) 记数、盖章。在扎好的捆钞条上加盖经办人员名章,以明确责任。章要盖得清晰,以看得清行号、姓名为准。

二、点钞的基本要求

在人民币的收付和清点过程中,要把混乱不齐、折损不一的钞票进行整理,使之整齐美观。具体要求是:平铺整齐,边角无折;同券一起,不能混淆;券面同向,不能颠倒;验查真伪,去伪存真;剔除残币,完残分放;百张一把,十把一捆;扎把捆捆,经办盖章;清点结账,复核入库。

为达到上述具体要求,应做到以下几点。

1. 坐姿端正

点钞的坐姿是否正确,直接影响到点钞的速度和质量。正确的坐姿应该是直腰挺胸,双脚分开平放地面,全身肌肉放松,两小臂置于桌面边缘,左手腕部紧贴桌面,右手腕微微抬起,手指活动自如,动作协调。

2. 放置适当

点钞过程中将未点钞票、已点钞票、印泥、名章、沾水盒、捆钞条、计算器等要按顺序放好,以便点钞时使用顺手。这样可以提高点钞工作的效率。

(1) 点钞员首先应整理钞票,要求边角无折、同券一起、券面向上、去伪存真、剔除残币,整齐码放于桌面左侧挡板前方。

(2) 将沾水盒、甘油、捆钞条、名章、笔,按顺序摆放于桌面中央正前方位置。

(3) 将清点好的钞票捆扎盖章后整齐码放于桌面右侧。

3. 指法规范

指法规范既可提高清点的准确率,又可提高清点速度。

4. 清点准确

点钞是一项心手合一,手、眼、脑高度配合、协调一致的严谨性工作。清点准确是点钞的关键环节,也是点钞最重要的环节,是对点钞技术的基本要求。为保证清点的准确性,就需要在点数前做好思想准备、款项准备和工具准备,清点时要求做到:精神集中、全神贯注;坚持定型操作、机器复核;双手点钞,眼睛看钞,脑子记数,手、眼、脑高度配合。如清点时发生差错,必须复核,直到准确无误为止。

5. 钞票墩齐

钞票按要求点好后必须墩齐,即钞票平铺,四边及中间无折叠,不露头,然后才能扎把。

6. 捆扎整齐、牢固

将清点完的每一百张钞票用捆钞条扎紧,扎为一小把,以提起第一张钞票不被抽出为准;每十小把捆为一捆(百张一把,十把一捆),按"#"字形捆扎,以用力推不变形、抽不出票把为准。

7. 动作连贯

这是保证点钞质量和提高点钞效率的必要条件。点钞过程的各个环节(起钞、拆把、清点、墩齐、捆扎、记数、盖章)必须密切配合,环环相扣,清点中双手动作要求协调流畅、娴熟规范、速度均匀且避免不必要的小动作。

8. 盖章清晰

点钞员清点钞票后均要记数盖章,捆钞条上的名章是分清责任的标记,名章要清晰可辨,不得模糊不清。

总之,出纳人员在办理现金的收付与整点时,要做到准、快。"准",是钞券清点不错不乱,准确无误。"快",是指在准的前提下,加快点钞速度,提高工作效率。"准"是做好现金收付和整点工作的基础和前提,"快"是银行加速货币流通、提高服务质量的必要条件。

三、手持式点钞法

手持式点钞法是将钞票拿在手上进行清点的点钞方法,是银行柜面出纳业务中最为常用的点钞方法之一。手持式点钞法一般有手持式单指单张点钞、手持式单指多张点钞、手持式四指拨动点钞和手持式五指拨动点钞等多种方法。

(一)手持式单指单张点钞法

1. 拆小把

(1)初点拆小把。初点拆小把是指钞票横拿,正面朝向身体,持票时左手拇指在钞票的正面左端,占全票面的1/4左右处,食指和中指在票背面与拇指捏住钞票,无名指和小指自然弯曲,捏住钞票后,无名指和小指伸向票前压住钞票的左下方,中指弯曲稍用力,与无名指、小指拉紧钞票,食指直伸拇指向上移动捏住钞票的侧面,将钞票压成瓦形,用右手脱去钞票上的纸条(如图3-1-1所示)。此时左手将钞票往桌面上擦过,拇指借用桌面的擦力趁势将钞票向上翻起成微型的扇面(如图3-1-2所示)。同时右手拇指、食指、中指三个指头沾水做点钞准备,此种方法不撕断小把纸条,以利于保留原纸查看图章。

图 3-1-1　　　　　　　　　　图 3-1-2

(2)复点拆小把。复点拆小把是指钞票横拿,正面朝向身体,用左手的中指和无名指弯曲、夹住票面的左上角,拇指扶在钞票的上边里沿处,食指伸直,中指稍用力把钞票放倒在桌面上,使钞票的左上角翘起成瓦形,用食指勾住纸条的上半部,往下用力从上边外沿处将其划破,抬起食指使纸条自然落在桌面上,再用左手拇指翻起钞票成微型扇面,食指在钞票的后面伸直支撑钞票,右手拇指、食指、中指沾水做点钞准备。

2. 清点

拆好把后用右手拇指尖逐张向下捻动钞票的右上角,食指在票的背面配合拇指。捻下来的钞票用无名指往内方向弹拨(如图3-1-3所示),中指翘起沾水备用。

图 3-1-3　　　　　　　　　　图 3-1-4

3. 挑出残破票

点钞过程中发现的残破票,左手中指、无名指放松;右手中指、无名指夹住残破票补上好票。也可在点钞过程中用右手的中指和无名指将该券折向右边外侧,待点完后再抽出补上

（如图3-1-4所示）。

> **重要提示：**
> （1）右手拇指不能抬离票面，每一张捻动的位置应该相同，拇指接触票面的面积越小，速度越快。
> （2）点钞时，票币的左下角要求在同一点上，左手的中指、无名指紧扣票币，以防票币随着捻动而散把。
> （3）持钞时，左手拇指轻按票面左边缘，避免与食指一起用力捏拿钞票，推出的小扇面每张距离应均匀。
> （4）点钞时，需要手、眼、脑的高度配合，精力要集中。

4. 记数

记数也是点钞的基本环节，与清点相辅相成。在清点准确的基础上，必须做到记数准确。记数时可选择在拇指捻张时记数，也可选择在无名指弹拨时记数。

单指单张记数时，10以上就会出现双数，记起来很费力，还会出现记数跟不上手指动作的情况，为配合手指的快速运动，记数时多采用分组计数的方法。通常以10为一组，可选择以下两种方法：

（1）首数变动法。

第一个数字代表十位，不断变化，将十位数字变为个位数，省力易记。

0 2 3 4 5 6 7 8 9 10
1 2 3 4 5 6 7 8 9 10
2 2 3 4 5 6 7 8 9 10
3 2 3 4 5 6 7 8 9 10

依此类推，一直到 9 2 3 4 5 6 7 8 9 10。

（2）双倍数字法。

0 10 20 30 40 50 60 70 80 9 10
1 11 21 31 41 51 61 71 81 9 20
2 12 22 32 42 52 62 72 82 9 30
3 1 3 2 ……
4 1 4 2 ……   ……   …… 5 0

每一记数乘以2就是正确数字，逢单数加1即可。

例如：边点边记数，数到31刚好结束，就是62张，如果数到31还余一张，就是63张。

> **温馨提示：**
> 记数时，注意力要集中，嘴不能出声，不能有读数的口型。

5. 墩齐

钞票点完一百张，左手拇指与食指、中指之间捏住钞票，无名指、小指伸向钞票的前面，使钞票横放在桌面上，左右手送拢墩齐，使钞票两端整齐，然后左手持票做扎把准备。

6. 扎把

第一，半径拧扎法。左手横拿已墩齐的钞票，正面朝向整点员，拇指在前，中指、无名指、小指在后，食指在钞票上倒伸直。捏住钞票左端约票面的 1/3 处，右手的拇指与食指、中指取纸条（纸条长度约票面宽的 3 倍），拿住纸条的 1/3，把纸条的 2/3 搭在钞票的上侧中央，用左手食指压住纸条，纸条的短处在钞票的背面，长处在钞票的前面，用拇指和中指捏住纸条长的一端往下外绕半圈，用食指去勾住短的一头纸条，使纸条的两端在钞票的后面中间合拢捏紧，再用左手捏住钞票正面，捏成斜瓦形（正面凸，背面凹），左手腕向外转动，然后双腕还原的同时将右手中的纸条拧成半径，用食指将纸条掖在斜瓦里，使纸条卡在下部，这种方法扎把既快又紧（如图 3-1-5、图 3-1-6 所示）。

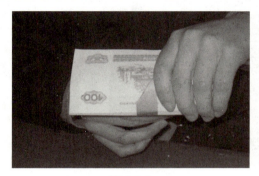

图 3-1-5　　　　　　　　　　图 3-1-6

第二，缠绕法。将墩齐的钞票横执，左手拇指在票前，中指和无名指在票后，捏住钞票 1/3 处，食指在钞票上侧，把一百张钞票分开一条缝，右手将纸条一端插入缝中，再由内往外缠绕，将纸条一端留在票面上部，用右手食指和拇指捏住纸条（纸条长度约为票面宽的 4 倍）向右折掖，掖在钞票正面上侧（如图 3-1-7、图 3-1-8 所示）。

图 3-1-7　　　　　　　　　　图 3-1-8

7. 盖章

每点完一把（100 张）钞票，扎把后都要盖上图章，图章应盖在钞票的上侧纸条上。

> **知识拓展**
>
> 单指单张点钞技术的优点：速度快，手持钞票所占的票面小，清点时目击者视票面面积大，容易发现假币，容易挑剔残损钞票，对票面没有特殊要求，新钞、旧钞、大钞、小钞均可采用。

缺点：逐张清点，点一张记一个数比较费力，初学时捻张的弹拨不容易协调，记数容易出错。

适用范围：很广，可用于各种票面的收款、付款和整点工作，被普遍采用。

单指单张考核标准

考核时间	清点正确数量	标准
5分钟	6把	合格
	7把	良好
	8把	优秀
	9把	特优
	10把	选手

（二）手持式多指多张点钞法

手持式多指多张点钞法主要有四指四张点钞法和手持式四指扒点法。它适用于收款、付款和整点工作，是一种适用广泛，比较适合柜面收付款业务的点钞方法。它的优点是速度快、效率高。由于每指点一张，票面可视幅度较大，看得较为清楚，有利于识别假币和挑剔残损钞票。

1. 持钞

钞票横立，左手持钞。持钞时，手心朝胸前，手指向下，中指在票前，食指、无名指、小指在后，将钞票夹紧；以中指为轴心五指自然弯曲，中指第二关节顶住钞票，向外用力，小指、无名指、食指、拇指同时向手心方向用力，将钞票压成"U"形，"U"口朝里。这里要注意食指和拇指要从右上侧将钞票往里下方轻压，打开微扇；手腕向里转动90度，使钞票的凹面向左但略朝里，凸面朝外向右；中指和无名指夹住钞票，食指移到钞票外侧面，用指尖管住钞票，以防下滑，大拇指轻轻按住钞票外上侧，既防钞票下滑又要配合右手清点。最后，左手将钞票移至胸前约20cm的位置，右手五指同时沾水，做好清点准备（如图3-1-9、图3-1-10所示）。

图 3-1-9

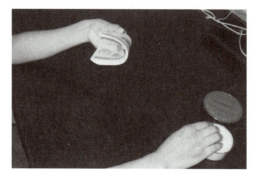

图 3-1-10

2. 清点

两只手摆放要自然。一般左手持钞略低,右手手腕抬起高于左手。清点时,右手拇指轻轻托住内上角里侧的少量钞票;其余四指自然并拢,弯曲成弓形;食指在上,中指、无名指、小指依次略低,四个指尖呈一条斜线。然后从小指开始,四个指尖依次顺序各捻下一张,四指共捻四张(如图 3-1-11、图 3-1-12 所示)。接着以同样的方法清点,循环往复,点完 25 次即点完 100 张。用这种方法清点要注意这样几个方面:一是捻钞时动作要连续,下张时一次一次连续不断,当食指捻下本次最后一张时,小指要紧紧跟上,每次之间不要间歇。二是捻钞的幅度要小,手指离票面不要过远,四个指头要一起动作,加快往返速度。三是四个指头与票面接触面要小,应用指尖接触票面进行捻动。四是右手拇指随着钞票的不断下捻向前移动,托住钞票,但不能离开钞票。五是在右手捻钞的同时左手要配合动作,每当右手捻下一次钞票,左手拇指就要推动一次,二指同时松开,使捻出的钞票自然下落,再按住未点的钞,往复动作,使下钞顺畅自如。

图 3-1-11

图 3-1-12

3. 记数

采用分组记数法。以四个指头顺序捻下四张为一次,每次为一组,25 次即 25 组,为 100 张。

4. 扎把与盖章

扎把与盖章的方法与手持式单指单张相同。采用手持式四指拨动法点钞,清点前不必先折纸条,只要捆扎钞票的腰条纸挪移到钞票 1/4 处就可以开始清点,发现问题可保持原状,便于追查。清点完毕后,初点不用勾断腰条纸,复点完时顺便将腰条纸勾断,重新扎把盖章。

实训练习

分别采用单指单张点钞法和多指多张点钞法练习点钞。

实训 2　手按式点钞

手按式点钞是一种传统的点钞方法,主要有手按式单指单张点钞法和手按式多指多张点钞法。

一、手按式单指单张点钞法

手按式单指单张点钞法,适用于收款、付款的初点和复点。清点时,票面可视幅度较大,便于挑剔残损钞票和识别假钞。具体操作方法如下。

1. 持币(按钞)

手按式单指单张点钞,拆把后,将钞票横放在桌上,用左手无名指和小手指微屈按住票面左端 1/3 处,中指、食指和大拇指自然弯曲,右手小指和无名指按在钞票的右端外侧,小指压紧,无名指稍松(如图 3-2-1 所示)。

图 3-2-1

图 3-2-2

2. 清点

用右手拇指轻轻托起钞票右下角的一部分(20 张左右),用右手的食指尖捻动钞票一张,同时左手拇指迅速接过向上推动钞票,用左手食指和中指夹住钞票,依次循环(如图 3-2-2 所示)。

3. 记数

记数的方法,可以采取分组记数的方法,同手持式点钞。

4. 扎把、盖章

扎把、盖章,同手持式点钞。

二、手按式多指多张点钞法

(一)手按式双指双张点钞法

手按式双指双张点钞法操作方法如下。

1. 持币(按钞)

手按式双指双张点钞法,持币(按钞)与手按式单指单张点钞法相同。

2. 点钞

用右手拇指轻轻托起钞票的右下角部分，用右手的中指捻动钞票一张，随后用右手的食指捻动钞票第二张，左手拇指迅速往上翻起，送两张钞票于左手食指和中指之间夹住，右手大拇指向上推动钞票，依次循环（如图 3-2-3 所示）。

3. 记数

记数采取分组记数的方法，同手持式点钞。

4. 扎把、盖章

扎把、盖章，同手持式点钞。

（二）手按式三指三张点钞法

手按式三指三张点钞法操作方法如下。

1. 持币（按钞）

手按式三指三张点钞法，持币（按钞）与手按式单指单张点钞法相同。

图 3-2-3

2. 点钞

点钞，用右手拇指轻轻托起钞票的右下角部分，用右手的无名指捻动钞票一张，用右手的中指捻动钞票第二张，用右手的食指捻动钞票第三张，左手拇指迅速往上翻起，送三张钞票于左手食指和中指之间夹住，右手大拇指向上推动钞票，依次循环（如图 3-2-4 所示）。

3. 记数

记数采取分组记数的方法，同手持式点钞。

4. 扎把、盖章

扎把、盖章，同手持式点钞。

图 3-2-4

 实训练习

采用手按式点钞法练习点钞、记数与扎把。

 比一比、赛一赛

提供 10 扎点钞纸，学生在一定时间内清点，并将每扎所点张数记在答案卷上。

实训 3　扇面点钞法

一、扇面点钞法

扇面点钞法最适合用于整点新钞及复点工作,是一种效率较高的点钞方法。但这种点钞方法清点时往往只看票边,票面可视面极小,不便挑剔残破钞和鉴别假票,不适用整点新旧币混合的钞票。

二、扇面点钞基本程序

扇面点钞法一般有拆把、开扇、清点、记数、合扇、墩齐或扎把等基本环节。由于清点方法不同,可分为一按多张点钞和多指多张点钞法两种。一次按得越多,点数的难度就越大,初学者应注意选择适当的张数。下面主要介绍第一种方法(扇面一按多张点钞方法)。

1. 持票拆把

钞票竖拿,左手拇指在票前、食指和中指在票后一并捏住钞票左下角约 1/3 处,左手无名指和小指自然弯曲。右手拇指在票前,其余四指横在票后约 1/2 处,用虎口卡住钞票,并把钞票压成瓦形,再用拇指勾断钞票上的腰条纸做开扇准备。

2. 开扇

开扇也叫打扇面,是扇面点钞最关键的环节。扇面开得匀不匀,直接影响到点钞的准确性。因此,扇面一定要开得均匀,即每张钞票的间隔要均匀。开扇有一次性开扇和多次性开扇两种方法。一次性开扇的方法是:以左手为轴,以左手拇指和食指持票的位置为轴心,右手拇指用力将钞票往外推,右手食指和中指将钞票往怀里方向转过来然后向外甩动,同时左手拇指和食指从右向左捻动。左手捻右手甩要同时进行(如图 3-3-1、图 3-3-2 所示)。一次性开扇效率高,但难度较大。开扇时要注意左右手协调配合,右手甩扇面要用劲,右手甩时左手拇指要放松,这样才能一次性甩开扇面,并使扇面开得均匀。

图 3-3-1

图 3-3-2

多次性开扇的方法是:以左手为轴,右手食指和中指将钞票向怀里左下方压,用右手腕把钞票压弯,稍用力往怀里方向从右侧向左侧转动,转到左侧时右手将压弯的钞票向左上方推起,拇指和食指向左捻动,左手拇指和食指在右手捻动时略放松,并从右向左捻动。这样反复操作,右手拇指逐次由钞票中部向下移动,移至右下角时即可将钞票推成扇形面。然后双手持票,将不均匀的地方拉开抖开,钞票的左半部向左方抖开,右半部的钞票向下方抖开。这种开扇方法较前一种费时,但比较容易掌握。用这种方法开扇时要注意开扇动作的连贯性,动作不连贯,会影响整体点钞速度。

3. 清点

清点时,左手持扇面,扇面平持但钞票上端略上翘使钞票略倾斜,右手中指、无名指、小指托住钞票背面,右手拇指一次按5张或10张钞票,按下的钞票由食指压住,接着拇指按第二次,依此类推(如图3-3-3、图3-3-4所示)。同时,左手应随着右手点数的速度以腕部为轴稍向怀里方向转动。用这种方法清点时,要注意拇指下按时用力不宜过大,下按时拇指一般按在钞票的右上角。从下按的张数来看,如出纳员经验丰富,也可一次下按6张、8张、12张、14张、16张等。

图3-3-3

图3-3-4

4. 记数

采用分组记数法。一按5张即每5张为一组,记满20组为100张。一按10张即每10张为一组,记满10组即为100张。其余类推。

5. 合扇

清点完毕即可合扇。合扇时,左手用虎口松拢钞票向右边压;右手拇指在前,其余四指在后托住钞票右侧并从右向左合拢,左右手一起往中间稍用力,使钞票竖立在桌面上,两手松拢轻墩。钞票墩齐后即可扎把。

实训练习

练习扇面点钞法。

实训 4 机器点钞

机器点钞,就是用点钞机代替部分手工操作点钞的方式,一般是手工点钞速度的 2~3 倍。点钞机提高了工作效率,已成为出纳人员的好帮手。但点钞机存在较大的局限性,因此,机器点钞一般用于票币的复点。

一、卧式点钞机的使用

日常使用的多数是卧式点钞机。卧式点钞机从外观看,主要由下钞口、捻钞轮、接钞台、计数器、功能显示窗、预制键等组成。卧式点钞机具有磁检数码、紫光自动防伪检测票证、自动清零、预置、洗尘杀菌、自动点钞等功能(如图 3-4-1 所示)。

机器点钞操作方法如下。

1. 准备点钞

将点钞机放在平稳的桌面上,一般在点钞人员的右前方,接通电源,打开电源开关,此时观察点钞机的功能窗上显示是不是"0"。如果需要连接外接显示器,可以将外接显示器连接在点钞机外接插座上。把钞票和扎把用的纸条摆放在合适的位置,右手持钞票,大拇指在前,中指、无名指、小指在后,左手配合将钞票轻轻捻成前低后高的梯形。

2. 开始点钞

将票面相同的钞票均匀扇开票面朝上放入下钞口,点钞机能自动完成点钞工作,同时显示窗上会自动显示点钞的张数(如图 3-4-2 所示)。在开始点钞之前可以通过功能键设置整点、混点、鉴伪功能。等下钞口中的钞票全部输出后,计数器停止记数,用左手将钞票从接钞台拿起,够 100 张墩齐扎把,然后盖章。

图 3-4-1

图 3-4-2

二、点钞机的维护保养与故障排除

(一)点钞机的维护保养

在使用点钞机过程中要注意维护保养。点钞机应该放在通风的室内操作,避免强光的照射和强磁场的干扰;使用电源电压必须在 220V±10% 范围之内;电源插头一定要接在有安全地线的电源插座上;每周要清扫一次紫外线光管、鉴伪探头和计数探头上的灰尘。

(二) 点钞机的故障排除

如果出现以下情况可以自行维修排除故障。点钞机出现记数不准怎么办?首先检查计数探头是不是有灰尘,若有,可以打开点钞机的盖板,用软毛刷清扫一下灰尘。如果清理后还不正常的话,再看一下是不是捻钞轮和阻力片之间的摩擦不够,顺时针方向旋转调节垂直螺丝,增加摩擦力。出钞堵塞怎么办?一般情况下,清点的钞票中若潮湿或有破损和残票,剔除残票后重新清点。开机后计数屏显示"0",不计数怎么办?可以看一看是不是计数探头对光不正,调节两个计数探头间的位置,使它们的光束轴线上下对准。

采用点钞机练习点钞、记数与扎把。

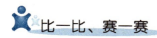

提供10扎点钞纸,在一定时间内清点,并将每扎所点张数记在答案卷上。

实训 5 捆扎技术

钞票的整理与捆扎

钞票的整理包括两个方面:一是现金出纳人员在清点票币前,应先按币别(100元、50元、10元等)将钞票分类,同时挑剔出残损币,并将断裂币用纸条粘好,然后按完整币和残损币分别进行清点;若发现可疑钞票,还应对其进行真伪鉴别。二是清点完一把钞票后,要进行捆扎前的整理,将票角拉平、钞票墩齐,然后以专用纸条捆扎牢固。

一、钞票捆扎要求

钞票捆扎是点钞过程中的一个重要环节,其捆扎速度对点钞的整体速度起着至关重要的作用。

捆扎钞票以每百张为一把,经整点无误后用纸条在钞票中间捆扎牢固。对不足一百张的钞票则用纸条在钞票的1/3处进行捆扎,并将钞票的张数、金额写在纸条的正面。钞票捆扎完毕,应在侧面的纸条上加盖点钞人员的名章,以明确责任。每十把钞票必须用专用细绳以"双十"字形捆扎成一捆,在顶端贴上封签,并加盖经手人名章。

二、钞票捆扎方法

钞票捆扎主要是扎把,扎把的方法最常用的有两种:

1. 拧扎法(半径扎把法)

将清点准确的整把(100张)钞票墩齐后,左手横执钞票,正面朝点钞员自己,拇指在前,中指、无名指和小指在后,食指伸直放在钞票的上侧,五指配合捏住钞票左端约1/3处。右手取纸条,以纸条1/3处搭在钞票的背面,左手食指将纸条压住,右手拇指与食指捏住纸条较长的一端,从钞票的正面向下向外缠绕,在钞票背面将纸条两端并拢捏紧,然后左手稍用力握住钞票的正面将钞票捏成瓦形,左手腕向外转动,右手捏住纸条向里转动,在双手还原的同时将右手中的纸条拧花结,同时用右手食指按压花结外侧,顺势将纸条花结塞进凹面瓦形一侧纸条的下边,将钞票压平即可。

2. 缠绕折掖法(缠绕捆扎法)

将整点准确的钞票墩齐后横执,正面朝点钞员自己,左手拇指在内,其余四指在外握住钞票左端,五指配合向身体方向用力,使钞票向内弯曲,弯度不要过大。左手食指将钞票上侧分开一条缝,右手持纸条一端插入钞票上侧缝中(或不将钞票开缝,直接将纸条一端贴在钞票背面,用左手食指、中指将纸条压住)。然后右手拇指、食指和中指捏住纸条,由正面向下向外缠绕(一般绕两圈),绕至钞票上端时,右手腕向右侧翻转,使纸条末端向右反折,并以食指从右侧将其插入原纸条下面。

点钞与扎捆技能一并训练,在5分钟内清点5把点钞券并捆扎加盖印章。根据准确度及速度评定成绩。

实训6 现金盘点

现金盘点是指对现金的实际数量进行清点的作业。

盘点的现金主要是纸币,常见的纸币包括1元、5元、10元、20元、50元、100元六种面额(如图3-6-1所示)。

图 3-6-1

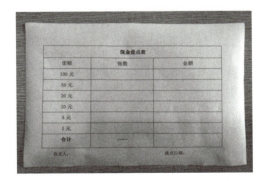

图 3-6-2

现金盘点要求对不同面额的纸币进行逐一点验,同一面额的整把和散把纸币必须同时清点,并把该种面额纸币的张数和金额填入现金盘点表(如图3-6-2所示),所有面额的纸币张数和金额都填入现金盘点表后,再在表中合计总金额,最后注明盘点人和盘点日期。

现金盘点的过程要求准确无误,即清点准确、计算正确。在进行现金盘点的练习时,具体操作如下。

一、盘前准备

盘点的物品包括不同面额的若干整把和一把散把练功券、海绵缸、捆扎条、印章、黑色水笔、箩筐、计算器、现金盘点表等。其中不同面额的若干整把练功券须预设差错,每把错张不超过±4张,且1把散把练功券也预设一定的张数(一般小于100张)(如图3-6-3所示)。

图 3-6-3

二、盘点过程

(一)取钞

从备钞的箩筐中取出某一币值的整套练功券,把其中的若干把整把练功券整齐竖放,散把练功券平放在桌面上,用左手持一把整把练功券,准备清点(如图3-6-4所示)。

(二)清点

(1)清点该套币值练功券时,按照先整把后散把的顺序清点,清点手法、方式不限。

(2)清点整把练功券时,若正好100张,则先拆把,再重新捆扎;若不足100张,则先拆把,再取散把练功券补足后,重新捆扎(如图3-6-5、图3-6-6所示);若超过100张,则先拆把,再抽出多余张数放回散把练功券,重新捆扎(如图3-6-7、图3-6-8所示)。

图 3-6-4

(3)最后清点该套币值的散把练功券。

图 3-6-5

图 3-6-6

图 3-6-7

图 3-6-8

（三）记录

在现金盘点表上，先后填写该套币值的张数及金额（如图 3-6-9 所示）。

（四）盖章

对捆扎好的整把练功券一一盖章，印章盖在捆扎条侧面，且清晰完整（如图 3-6-10 所示）。

图 3-6-9

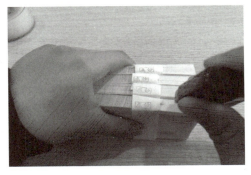

图 3-6-10

（五）放回

清点完该套币值的练功券后，将整把和散把练功券放回备钞箩筐中。

（六）循环

清点其他币值的练功券时，只需重复以上步骤。

（七）填表

清点完所有币值的练功券后，用计算器计算合计金额，并填写在现金盘点表上，最后标注盘点人及盘点日期（如图 3-6-11 所示）。

至此，一次现金盘点完成。

图 3-6-11

项目三　点钞与验钞

> 重要提示：
> （1）清点练习过程中，要注意放平心态，戒急戒躁，有条不紊。
> （2）整把练功券在补足和抽取的过程中，注意精准度，防止因练功券粘连导致错误。
> （3）如使用多指手法进行散把练功券清点，推荐采用分组计数的方法。

现金盘点在企业的财务工作中起着重要的作用。为避免现金收支出现差错，防止工作中的错弊，保证做到账实相符，企业出纳和会计主管、内部稽核人员应定期或不定期对现金进行清点和核对。因此现金盘点是财务人员必须熟练掌握的一项技能。

微课1（现金盘点）

☞ 知识拓展

随着数字化平台的发展，利用 App 软件，以平板操作取代纸质填写进行现金盘点成为一种更有效的练习方式。在此，以爱丁数码软件为例，介绍学生使用的"现金盘点"App 的具体操作流程。

步骤一：在平板中点击"现金盘点"APP（如图 3-6-12 所示）。

步骤二：进入 App 后，输入正确的 IP 地址。注意：要在英文输入格式下输入，输入好后点击"保存并测试"（如图 3-6-13 所示）。

图 3-6-12

步骤三：平板上会显示教师发布的练习信息，点击"进入"按钮（如图 3-6-14 所示）。

图 3-6-13

图 3-6-14

步骤四：点击"选手登陆"(如图 3-6-15 所示)。

步骤五：输入选手号码，点击"确定"进入下一界面(如图 3-6-16 所示)。

图 3-6-15

图 3-6-16

步骤六：点击"确定"按钮，进入准备状态(如图 3-6-17、图 3-6-18 所示)。

图 3-6-17

图 3-6-18

步骤七：平板接收到开始指令后，自动进入"现金盘点表"界面，系统开始倒计时，选手录入每种面值的张数以及金额，还须在现金盘点表上盖章。点击"盖章"按钮，然后在平板上要盖章的位置点击屏幕即可完成盖章。每次比赛盖章只能进行一次，盖错位置不能修改(如图 3-6-19 所示)。

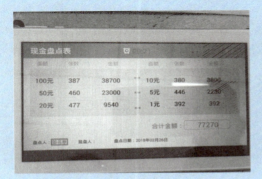

图 3-6-19

图 3-6-20

步骤八：倒计时结束后，系统自动显示基础得分，裁判点击"开始评分"对选手的点钞结果进行验钞(如图 3-6-20 所示)。

步骤九：输入裁判账号和密码，完成验钞及评分，系统自动显示最终得分。由选手和裁判确认成绩无误后，点击"上传成绩"按钮将成绩上传到后台（如图 3-6-21、图 3-6-22 所示）。

图 3-6-21

图 3-6-22

温馨提示：

（1）"现金盘点"App 在使用前，必须先注册平板上的"我的爱丁"App。
（2）"现金盘点"App 在使用过程中，平板屏幕不可以熄灭。

微课 2（拓展部分）

实训练习

（一）单币种的盘点训练

（1）任选一种币值，对 4 把整把练功券预设差错，1 把散把练功券也预设一定的张数，在 3 分钟内完成清点和填表。

（2）任选一种币值，对 6 把整把练功券预设差错，1 把散把练功券也预设一定的张数，在 4 分钟内完成清点和填表。

（二）多币种的盘点训练

（1）任选两种币值，每种币值选 3 把整把练功券预设差错，1 把散把练功券也预设一定的张数，在 5 分钟内完成清点和填表。

（2）任选三种币值，每种币值选 2 把整把练功券预设差错，1 把散把练功券也预设一定的张数，在 5 分钟内完成清点和填表。

实训 7　人民币的鉴别

有关假人民币的几项规定

对于持有或发现假人民币如何处理,以及关于假人民币的没收、收缴和鉴定等方面的问题,《中华人民共和国人民币管理条例》(以下简称《条例》)中有明确规定。

(1) 持有或发现假人民币如何处理。《条例》第三十二条规定,单位和个人持有伪造、变造人民币的,应当及时上交中国人民银行、公安机关或者办理人民币存取业务的金融机构;发现他人持有伪造、变造人民币的,应当立即向公安机关报告。

(2) 哪些部门有权没收假人民币。《条例》第三十三条第一款规定,中国人民银行、公安机关发现伪造、变造的人民币,应当予以没收,加盖"假币"字样的戳记,并登记造册;持有人对公安机关没收的人民币的真伪有异议的,可以向中国人民银行申请鉴定。

(3) 哪些机构可以收缴假人民币。《条例》第三十四条规定,办理人民币存取业务的金融机构,发现伪造、变造的人民币,数量较多,有新版的伪造人民币或者有其他制造贩卖伪造、变造的人民币线索的,应当立即报告公安机关;数量较少的,由该金融机构两名以上工作人员当面予以收缴,加盖"假币"字样的戳记,登记造册,向持有人出具中国人民银行统一印制的收缴凭证,并告知持有人可以向中国人民银行或者向中国人民银行授权的国有独资商业银行的业务机构申请鉴定。

(4) 哪些单位有权鉴定人民币真伪。根据《条例》第三十三条、第三十四条规定,中国人民银行及中国人民银行授权的国有独资商业银行的业务机构有权鉴定人民币真伪。另外《条例》第三十五条第一款还规定,中国人民银行及中国人民银行授权的国有独资商业银行的业务机构应当无偿提供鉴定人民币真伪的服务。

一、人民币常识

人民币是中华人民共和国的法定货币。中国人民银行自 1948 年 12 月 1 日成立时发行第一套人民币,至今已发行了五套。

现行流通的人民币是第五套人民币,第五套人民币有 1999 年版和 2005 年版两种,1999 年版是 1999 年 10 月 1 日一次公布、陆续发行的,各面额纸币年版号均为"1999 年"。2005 年 8 月 31 日又发行了新版的第五套人民币,保持了 1999 年版人民币主图案、主色调,规格不变,但由于印制生产工艺、防伪措施等方面进行了改进和提高,并将年版号改为"2005 年",因而 2005 年版是对 1999 年版第五套人民币的继承、创新和提高。

人民币作为我国的法定货币,是国家政权的象征之一,在我国社会主义经济建设中发挥着重要作用。无论是从维护人民币的形象,还是从方便流通使用的角度,都应当爱护人民币。根据《中华人民共和国人民币管理条例》第六条规定,任何单位和个人都应当爱护人民币,禁止损害人民币和妨碍人民币流通的行为发生。

第五套人民币纸币图样如图 3-7-1、图 3-7-2 所示。

图 3-7-1

图 3-7-2

二、第五套人民币的防伪特征

（一）2005 年版第五套人民币与 1999 年版第五套人民币的相同之处

（1）2005 年版第五套人民币规格、主景图案、主色调、"中国人民银行"行名和汉语拼音行名、面额数字、花卉图案、国徽、盲文面额标记、民族文字等票面特征，均与现行流通的 1999 年版的第五套人民币相同。

（2）2005 年版第五套人民币 100 元、50 元纸币的固定人像水印、手工雕刻头像、胶印缩微文字、雕刻凹版印刷等防伪特征,均与现行流通的1999年版的第五套人民币100元、50元纸币相同。

（3）2005年版第五套人民币20元纸币的固定花卉水印、手工雕刻头像、胶印缩微文字、双色横号码等防伪特征,均与现行流通的1999年版的第五套人民币20元纸币相同。

（4）2005年版第五套人民币10元、5元纸币的固定花卉水印、白水印、全息磁性开窗安全线、手工雕刻头像、胶印缩微文字、雕刻凹版印刷、双色横号码等防伪特征,均与现行流通的1999年版的第五套人民币10元、5元纸币相同。2005年版第五套人民币10元纸币的阴阳互补对印图案,与现行流通的1999年版的第五套人民币10元纸币相同。

（二）2005年版第五套人民币与1999年版第五套人民币的区别

1. 调整防伪特征布局

2005年版第五套人民币100元、50元纸币正面左下角胶印对印图案调整到主景图案左侧中间处,光变油墨面额数字左移至原胶印对印图案处,背面右下角胶印对印图案调整到主景图案右侧中间处。

2. 调整防伪特征

（1）隐形面额数字：调整2005年版第五套人民币各券别纸币的隐形面额数字观察角度。2005年版第五套人民币各券别纸币正面右上方有一装饰性图案,将票面置于与眼睛接近平行的位置,面对光源做上下倾斜晃动,分别可以看到面额数字字样。

（2）全息磁性开窗安全线：2005年版第五套人民币100元、50元、20元纸币将原磁性缩微文字安全线改为全息磁性开窗安全线。2005年版第五套人民币100元、50元纸币背面中间偏右,有一条开窗安全线,开窗部分分别可以看到由缩微字符"￥100""￥50"组成的全息图案。2005年版第五套人民币20元纸币正面中间偏左,有一条开窗安全线,开窗部分可以看到由缩微字符"￥20"组成的全息图案。

（3）双色异形横号码：2005年版第五套人民币100元、50元纸币将原横竖双号码改为双色异形横号码。正面左下角印有双色异形横号码,左侧部分为暗红色,右侧部分为黑色。字符由中间向左右两边逐渐变小。

（4）雕刻凹版印刷：2005年版第五套人民币20元纸币背面主景图案桂林山水、面额数字、汉语拼音行名、民族文字、年号、行长章等均采用雕刻凹版印刷,用手触摸,有明显凹凸感。

3. 增加防伪特征

（1）白水印：2005年版第五套人民币100元、50元纸币位于正面双色异形横号码下方,2005年版第五套人民币20元纸币位于正面双色横号码下方,迎光透视,分别可以看到透光性很强的水印面额数字字样。

（2）凹印手感线：2005年版第五套人民币各券别纸币正面主景图案右侧,有一组自上而下规则排列的线纹,采用雕刻凹版印刷工艺印制,用手指触摸,有极强的凹凸感。

（3）阴阳互补对印图案：2005年版第五套人民币20元纸币正面左下角和背面右下角均有一圆形局部图案,迎光透视,可以看到正背面的局部图案合并为一个完整的古钱币图案。

4. 调整文字,取消彩色纤维

（1）2005年版第五套人民币各券别纸币背面主景图案下方的面额数字后面,增加人民币单位的汉语拼音"YUAN";年号改为"2005年"。

（2）取消1999年版第五套人民币各券别纸币纸张中的红蓝彩色纤维。

（三）2005 年版第五套人民币 100 元大众防伪特征

（1）固定人像水印：位于正面左侧空白处，迎光透视，可见与主景人像相同、层次丰富、立体感很强的毛泽东头像水印。

（2）双色异形横号码：正面左下角印有双色异形横号码，左侧部分为暗红色，右侧部分为黑色。字符由中间向左右两边逐渐变小。

（3）光变油墨面额数字：正面左下角面额数字"100"字样，与票面垂直角度观察为绿色，倾斜一定角度则变为蓝色。

（4）白水印：位于正面双色异形横号码下方，迎光透视，可以看到透光性很强的水印面额数字字样。

（5）胶印缩微文字：正面上方图案中，多处印有胶印缩微文字"100""RMB100"字样。

（6）阴阳互补对印图案：正面主景图案左侧中间处和背面主景图案右侧中间处，迎光透视，可以看到正背面图案合并组成一个完整的古钱币图案。

（7）全息磁性开窗安全线：背面中间偏右，有一条开窗安全线，开窗部分分别可以看到由缩微字符"￥100"组成的全息图案，仪器检测有磁性。

（8）雕刻凹版印刷：正面主景毛泽东头像、"中国人民银行"行名、面额数字、盲文面额标记及背面主景"人民大会堂"、汉语拼音行名等，均采用雕刻凹版印刷，用手指触摸有明显的凹凸感。

（9）手工雕刻头像：正面主景毛泽东头像，采用中国传统特色的手工雕刻技术和凹版印刷工艺，形象逼真、传神，层次丰富，凹凸感强，具有较强的立体感和独特的艺术效果。

（10）隐形面额数字：正面右上方有一椭圆形装饰图案，将钞票置于与眼睛接近平行的位置，面对光源作平面旋转 45 度或 90 度角，即可以看到面额数字"100"字样。

（11）凹印手感线：正面主景图案右侧，有一组自上而下规则排列的线纹，采用雕刻凹版印刷工艺印制，用手指触摸，有极强的凹凸感。

三、假币的种类

假币是指以非法手段、仿照真币的形象，采用印刷、复印、拓印、描绘以及挖补、剪切、拼凑等方式加工制作的票币。假币可分为伪造假币和变造假币两种。

伪造假币指仿照真币原样，利用各种手段非法重新仿制的各类假币。主要有机制胶印假币、誊印假币、复印假币、拓印假币、照相假币、描绘假币和复印制版技术合成假币等。

变造假币是指在真币基础上或以真币为基本材料，通过挖补、剪贴、拼凑、制皮、揭面、涂改等手段，使原币改变数量、形态，以此实现升值的假货币。

四、鉴别真假币的方法

（一）人工鉴别真假人民币的方法

1. 伪造假币的鉴别方法

由于伪造假币的仿真技术较高，因此鉴别时多采用综合鉴别的方法，最常用的方法就是一"看"、二"摸"、三"听"、四"比"。

"看"，就是在现金收付、整点过程中，注意看票面的颜色、花纹、线条、图案、水印、安全线等。真人民币颜色鲜明，花纹线条粗细均匀，图文清晰，层次分明；假币则颜色暗淡，花纹线条粗细不一,图文模糊,层次平淡。真人民币具有特别的水印标记,水印嵌于纸张内部,层次丰富,透过光线观察时,图形清晰可见,人像生动逼真,立体感很强;而假币水印层次较差,图像模糊不清,没有立体感。真人民币安全线嵌于纸张内部,纸与线融为一体;假币的安全线是在纸张夹层中放置的,纸与线有分离感;还有的假币则在正反两面各印刷一个条状图案,仔细观察便能看出破绽。

"摸",就是对有疑问的票币,用手摸纸张的质量、凹印图文等。真人民币用手摸时,纸张手感挺括;假币纸张手感绵软。真币正背面主景、"中国人民银行"行名、面额数字、盲文面额标记及汉语拼音行名等,均采用雕刻凹版印刷,凹印图文具有突出于票面的浮雕感,用手指触摸时有明显的凹凸感;而假币票面图文平滑,无浮雕感,以手指触摸时没有凹凸感。

"听",就是以手指弹试票币,或用手捏住票面的一端甩动票币,仔细听票币发出的声响,真币声音清脆,假币声音沉闷。

"比",就是用眼看、手摸、耳听发现了可疑票币后,仍不能准确加以确定的,比如流通时间较久的、破损比较严重的票币或仿造比较逼真的票币等,就需要用真币与可疑币进行仔细校对识别。

2. 变造假币的鉴别方法

对变造假币的鉴别,主要是通过眼睛来仔细识别。鉴别时应注意以下几点:

(1) 仔细观察票面断裂处是否被刀割、手撕等手段有意破坏扯断的。

(2) 仔细观察票面被割断后的花纹、线条是否照原样衔接的。

(3) 发现用纸条粘补的地方,应将纸条揭开,仔细观察断裂处是否有短缺;如果是整个票面全部是被纸粘贴的,应将其撕开,看是否有一半的票面全部被揭去。

(4) 如果发现可疑票币是两个半张粘在一起的,应仔细看两个半张是否属于同一张钞票。若发现两个半张不属于同一张钞票,则可疑票币属于变造假币。

(二) 机器检测真假人民币的方法

机器检侧法,就是用验钞机或点钞机检测真假人民币的方法。机器检测方法比较简单,可以用专门的多功能验钞机进行检测,也可以用具有鉴伪功能的点钞机进行检测。

目前,验钞机有很多种品牌和型号,其主要功能大同小异。使用方法非常简单,接通电源,打开电源开关,按下相应按健即可进行相关检测。

验钞机的辨伪手段通常有荧光识别、磁性分析、红外穿透三种方式。

1. 荧光检测

荧光检测的工作原理是针对人民币的纸质进行检测。人民币采用专用纸张制造(含85%以上的优质棉花),假币通常采用经漂白处理后的普通纸进行制造,经漂白处理后的纸张在紫外线(波长为365nm的蓝光)的照射下会出现荧光反应,人民币则没有荧光反应。所以,用紫外光源对钞票进行照射并同时用硅光电池检测钞票的荧光反映,可判别钞票真假。

在荧光检测中,需要注意两个问题:(1) 检测空间的遮光。外界光线进入检测空间会造成误报。(2) 紫外光源和光电池的防尘。在点钞过程中有大量粉尘,这些粉尘黏附在光源表面会削弱检测信号,造成漏报。

2. 磁性检测

磁性检测的工作原理是利用大面额真钞(20、50、100元)的某些部位用磁性油墨印刷,通过一组磁头对钞票的磁性进行检测,通过电路对磁性进行分析,可辨别钞票的真假。

在磁性检测中,要求磁头与钞票摩擦良好。磁头过高则冲击信号大,造成误报;磁头过低则信号弱,造成漏报。通过控制磁头的高度(由加工和装配保证)和在磁头上方装压钞胶轮可满足检测需要。

人民币的磁性检测方法可分为四种:

(1) 检测有无磁性。市场上的点钞机多采用此种方法,由于制造容易,故此种方法伪钞辨出率低。

(2) 按磁性分布进行磁性检测。采用两组或三组磁头分路检测磁性,辨伪水平可提高一个档次,市场上部分点钞机采用此种方法。

(3) 检测第五版人民币金属丝磁性。目前水平停留在检测有无磁性上。

(4) 检测第五版人民币纸币上的序列号磁性。序列号由英文字母和阿拉伯数字组成。目前水平停留在检测有无磁性上。由于序列号号码是一组带有一定磁性的字母和数字,因此对序列号号码的磁性数量和大小进行检测,辨伪水平可大大提高。

3. 红外穿透检测

红外穿透的工作原理是用被固定的红外二极管传感器的发光管部分发出固定波长的不可见红外光,穿透经过的纸币后,由对面的接收管接收到剩余光,以此对纸币的纸张和覆盖的印刷油墨的特性进行分析,并和标准值进行比较判断。利用人民币的纸张比较坚固、密度较高以及用凹印技术印刷的油墨厚度较高,因而对红外信号的吸收能力较强来辨别钞票的真假。人民币的纸质特征与假币的纸质特征有一定的差异,用红外信号对钞票进行穿透检测时,它们对红外信号的吸收能力将会不同,利用这一原理,可以实现辨伪。需要注意的是,油墨的颜色与厚度同样会造成红外穿透能力的差异。因此,必须对红外穿透检测的信号进行数学运算和比较分析。

会计上经常使用具有鉴伪功能的点钞机鉴别真假人民币时,主要采用磁性检测机进行检测。只要打开机器,将待检测的票币放入滑钞板,验钞机即可自动清点验钞,出现假币时,机器会发出特殊的声音,有的是模拟人的声音:"本钞是假币";有的是发出警叫声音。

(一) 掌握人工鉴别真假人民币的方法

(1) 提供100元、50元、20元、10元、5元真人民币,让学生分析各自的防伪特征。

(2) 提供不同的假币,让学生分析假币的种类和要点。

(二) 掌握点钞机、验钞机的使用方法

提供点钞机、验钞机,学习其使用方法和维护及保养常识。

实训 8　外币的识别

阅读资料

世界各国的货币样式及名称(如图 3-8-1、图 3-8-2、图 3-8-3、图 3-8-4 和表 3-8-1 所示)。

图 3-8-1

图 3-8-2

图 3-8-3

图 3-8-4

表 3-8-1　世界部分国家或地区货币名称

国家或地区		货币名称		货币符号		辅币进位制
		中文	英文	原有旧符号	标准符号	
亚洲	中国香港	港元	HongKong Dollars	HK $	HKD	1HKD = 100 cents（分）
	中国澳门	澳门元	Macao Pataca	PAT.；P.	MOP	1MOP = 100 avos（分）
	中国	人民币元	Renminbi Yuan	RMB ¥	CNY	1CNY = 10 jiao（角） 1 jiao = 10 fen（分）
	朝鲜	圆	Korean Won		KPW	1KPW = 100 分
	越南	越南盾	Vietnamese Dong	D.	VND	1VND = 10 角 = 100 分
	日本	日元	Japanese Yen	¥；J.¥	JPY	1JPY = 100 sen（钱）

续表

国家或地区		货币名称		货币符号		辅币进位制
		中文	英文	原有旧符号	标准符号	
亚洲	老挝	基普	Laotian Kip	K.	LAK	1LAK = 100 ats（阿特）
	柬埔寨	瑞尔	Cambodian Riel	CR.；J Ri.	KHR	1KHR = 100 sen（仙）
	菲律宾	菲律宾比索	Philippine Peso	Ph. Pes.；Phil. P.	PHP	1PHP = 100 centavos（分）
	马来西亚	马来西亚元	Malaysian Dollar	M. $；Mal. $	MYR	1MYR = 100 cents（分）
	新加坡	新加坡元	Ssingapore Dollar	S. $	SGD	1SGD = 100 cents（分）
	泰国	泰铢	Thai Baht (Thai Tical)	BT.；Tc.	THP	1THP = 100 satang（萨当）
	缅甸	缅甸元	Burmese Kyat	K.	BUK	1BUK = 100 pyas（分）
	斯里兰卡	斯里兰卡卢比	Sri Lanka Rupee	S. Re. 复数：S. Rs.	LKR	1LKR = 100 cents（分）
	马尔代夫	马尔代夫卢比	Maldives Rupee	M. R. R；MAL. Rs.	MVR	1MVR = 100 larees（拉雷）
	印度尼西亚	盾	Indonesian Rupiah	Rps.	IDR	1IDR = 100 cents（分）
	巴基斯坦	巴基斯坦卢比	Pakistan Rupee	Pak. Re.；P. Re. 复数：P. Rs.	PRK	1PRK = 100 paise（派萨）（单数：paisa）
	印度	卢比	Indian Rupee	Re. 复数：Rs.	INR	1INR = 100 paise（派萨）
	尼泊尔	尼泊尔卢比	Nepalese Rupee	N. Re. 复数：N. Rs.	NPR	1NPR = 100 paise（派萨）
	阿富汗	阿富汗尼	Afghani	Af.	AFA	1AFA = 100 puls（普尔）
	伊朗	伊朗里亚尔	Iranian Rial	RI.	IRR	1IRR = 100 dinars（第纳尔）
	伊拉克	伊拉克第纳尔	Iraqi Dinar	ID	IQD	1IQD = 1000 fils（费尔）
	叙利亚	叙利亚镑	Syrian Pound	£ .Syr.；£ .S.	SYP	1SYP = 100 piastres（皮阿斯特）
	黎巴嫩	黎巴嫩镑	Lebanese Pound	£ L.	LBP	1LBP = 100 piastres（皮阿斯特）
	约旦	约旦第纳尔	Jordanian Dinar	J. D.；J. Dr.	JOD	1JOD = 1 000 fils（费尔）
	沙特阿拉伯	里亚尔	Saudi Arabian Riyal	S. A. Rls.；S. R.	SAR	1SAR = 100 qurush（库尔什）1qurush = 5 halals
	科威特	科威特第纳尔	Kuwaiti Dinar	K. D.	KWD	1KWD = 1 000 fils（费尔）

续表

国家或地区		货币名称		货币符号		辅币进位制
		中文	英文	原有旧符号	标准符号	
亚洲	巴林	巴林第纳尔	Bahrain Dinar	BD.	BHD	1BHD = 1 000 fils（费尔）
	卡塔尔	卡塔尔里亚尔	Qatar Riyal	QR.	QAR	1QAR = 100 dirhams（迪拉姆）
	阿曼	阿曼里亚尔	Oman Riyal	RO.	OMR	1OMR = 1 000 baiza（派沙）
	阿拉伯也门	也门里亚尔	Yemeni Riyal	YRL.	YER	1YER = 100 fils（费尔）
	民主也门	也门第纳尔	Yemeni Dinar	YD.	YDD	1YDD = 1 000 fils（费尔）
	土耳其	土耳其镑	Turkish Pound（Turkish Lira）	£ T.（TL.）	TRL	1TRL = 100 kurus（库鲁）
	塞浦路斯	塞浦路斯镑	Cyprus Pound	£ C.	CYP	1CYP = 1 000 mils（米尔）
大洋洲	澳大利亚	澳大利亚元	Australian Dollar	$ A.	AUD	1AUD = 100 cents（分）
	新西兰	新西兰元	New Zealand Dollar	$ NZ.	NZD	1NZD = 100 cents（分）
	斐济	斐济元	Fiji Dollar	F. $	FJD	1FJD = 100 cents（分）
欧洲	欧洲货币联盟	欧元	Euro	EUR	EUR	1EUR = 100 euro cents（生丁）
	冰岛	冰岛克朗	Icelandic Krona（复数:Kronur）	I. Kr.	ISK	1ISK = 100 aurar（奥拉）
	丹麦	丹麦克朗	Danish Krona（复数:Kronur）	D. Kr.	DKK	1DKK = 100 ore（欧尔）
	挪威	挪威克朗	Norwegian Krone（复数:Kronur）	N. Kr.	NOK	1NOK = 100 ore（欧尔）
	瑞典	瑞典克朗	Swedish Krona（复数:Kronor）	S. Kr.	SEK	1SEK = 100 ore（欧尔）
	芬兰	芬兰马克	Finnish Markka（or Mark）	MK.；FM.；FK.；FMK.	FIM	1FIM = 100 penni（盆尼）
	俄罗斯	卢布	Russian Ruble（or Rouble）	Rbs. Rbl.	SUR	1SUR = 100 kopee（戈比）
	波兰	兹罗提	Polish Zloty	ZL.	PLZ	1PLZ = 100 groszy（格罗希）
	捷克和斯洛伐克	捷克克朗	Czechish Koruna	Kcs.；Cz. Kr.	CSK	1CSK = 100 Hellers（赫勒）
	匈牙利	福林	Hungarian Forint	FT.	HUF	1HUF = 100 filler（菲勒）
	德国	马克	Deutsche Mark	DM.	DEM	1DEM = 100 pfennig（芬尼）

续表

国家或地区		货币名称		货币符号		辅币进位制
		中文	英文	原有旧符号	标准符号	
欧洲	奥地利	奥地利先令	Austrian Schilling	Sch.	ATS	1ATS = 100 groschen（格罗申）
	瑞士	瑞士法郎	Swiss Franc	SF. ；SFR.	CHF	1CHF = 100 centimes（分）
	荷兰	荷兰盾	Dutch Guilder (orFlorin)	Gs. ；Fl. ；Dfl. ；Hfl. ；fl.	NLG	1NLG = 100 cents（分）
	比利时	比利时法郎	Belgian Franc	Bi. ；B. Fr. ；B. Fc.	BEF	1BEF = 100 centimes（分）*
	卢森堡	卢森堡法郎	Luxembourg Franc	Lux. F.	LUF	1LUF = 100 centimes（分）
	英国	英镑	Pound, Sterling	£；£ Stg.	GBP	1GBP = 100 new pence（新便士）
	爱尔兰	爱尔兰镑	Irish pound	£. Ir.	IEP	1IEP = 100 new pence（新便士）
	法国	法郎	French Franc	F. F. ；Fr. Fc. ；F. FR.	FRF	1FRF = 100 centimes（分）
	西班牙	比塞塔	Spanish Peseta	Pts. ；Pes.	ESP	1ESP = 100 centimes（分）
	葡萄牙	埃斯库多	Portuguese Escudo	ESC.	PTE	1PTE = 100 centavos（分）
	意大利	里拉	Italian Lira	Lit.	ITL	1ITL = 100 centesimi（分）
	马耳他	马耳他镑	Maltess Pound	£. M.	MTP	1MTP = 100 cents（分） 1Cent = 10 mils（米尔）
	南斯拉夫	南斯拉夫新第纳尔	Yugoslav Din	Din. Dr.	YUD	1YUD = 100 paras（帕拉）
	罗马尼亚	列伊	Rumanian Leu（复数:Leva）	L.	ROL	1ROL = 100 bani（巴尼）
	保加利亚	列弗	Bulgarian Lev（复数:Lei）	Lev.	BGL	1BGL = 100 stotinki（斯托丁基）
	阿尔巴尼亚	列克	Albanian Lek	Af.	ALL	1All = 100 quintars（昆塔）
	希腊	德拉马克	Greek Drachma	Dr.	GRD	1GRD = 100 lepton
美洲	加拿大	加元	Canadian Dollar	Can. $	CAD	1CAD = 100 cents（分）
	美国	美元	U. S. Dollar	U. S. $	USD	1USD = 100 cents（分）
	墨西哥	墨西哥比索	Mexican Peso	Mex. $	MXP	1MXP = 100 centavos（分）
	危地马拉	格查尔	Quatemalan Quetzal	Q	GTQ	1GTQ = 100 centavos（分）
	萨尔瓦多	萨尔瓦多科朗	Salvadoran Colon	¢	SVC	1SVC = 100 centavos（分）

续表

国家或地区	货币名称		货币符号		辅币进位制
	中文	英文	原有旧符号	标准符号	
美洲	洪都拉斯	伦皮拉	Honduran Lempira	L.	HNL	1HNL = 100 centavos（分）
	尼加拉瓜	科多巴	Nicaraguan Cordoba	CS	NIC	1NIC = 100 centavos（分）
	哥斯达黎加	哥斯达黎加科朗	Costa Rican Colon	¢	CRC	1CRC = 100 centavos（分）
	巴拿马	巴拿马巴波亚	Panamanian Balboa	B.	PAB	1PAB = 100 centimes（分）
	古巴	古巴比索	Cuban Peso	Cu. Pes.	CUP	1CUP = 100 centavos（分）
	巴哈马联邦	巴哈马元	Bahaman Dollar	B. $	BSD	1BSD = 100 cents（分）
	牙买加	牙买加元	Jamaican Dollars	$ .J.	JMD	1JMD = 100 cents（分）
	海地	古德	Haitian Gourde	G. ;Gds.	HTG	1HTG = 100 centimes（分）
	多米尼加	多米尼加比索	Dominican Peso	R. D. $	DOP	1DOP = 100 centavos（分）
	特立尼达和多巴哥	特立尼达多巴哥元	Trinidad and Tobago Dollar	T. T. $	TTD	1TTD = 100 cents（分）
	巴巴多斯	巴巴多斯元	Barbados Dollar	BDS. $	BBD	1BBD = 100 cents（分）
	哥伦比亚	哥伦比亚比索	Colombian Peso	Col $	COP	1COP = 100 centavos（分）
	委内瑞拉	博利瓦	Venezuelan Bolivar	B	VEB	1VEB = 100 centimes（分）
	圭亚那	圭亚那元	Guyanan Dollar	G. $	GYD	1GYD = 100 cents（分）
	苏里南	苏里南盾	Surinam Florin	S. Fl.	SRG	1SRG = 100 分
	秘鲁	新索尔	Peruvian Sol	S/.	PES	1PES = 100 centavos（分）
	厄瓜多尔	苏克雷	Ecuadoran Sucre	S/.	ECS	1ECS = 100 centavos（分）
	巴西	新克鲁赛罗	Brazilian New Cruzeiro G	Gr. $	BRC	1BRC = 100 centavos（分）
	玻利维亚	玻利维亚比索	Bolivian Peso	Bol. P.	BOP	1BOP = 100 centavos（分）
	智利	智利比索	Chilean Peso	P.	CLP	1CLP = 100 centimes（分）
	阿根廷	阿根廷比索	Argentine Peso	Arg. P.	ARP	1ARP = 100 centavos（分）
	巴拉圭	巴拉圭瓜拉尼	Paraguayan Guarani	Guars.	PYG	1PYG = 100 centavos（分）
	乌拉圭	乌拉圭新比索	New Uruguayan Peso	N. $	UYP	1UYP = 100 centimes（分）

续表

国家或地区		货币名称		货币符号		辅币进位制
		中文	英文	原有旧符号	标准符号	
非洲	埃及	埃及镑	Egyptian Pound	£ E. ;LF.	EGP	1EGP = 100 piastres（皮阿斯特）= 1 000 milliemes（米利姆）
	利比亚	利比亚第纳尔	Libyan Dinar	LD.	LYD	1LYD = 100 piastres（皮阿斯特）= 1 000 milliemes（米利姆）
	苏丹	苏丹镑	Sudanese Pound	£ S.	SDP	1SDP = 100 piastres（皮阿斯特）= 1 000 milliemes（米利姆）
	突尼斯	突尼斯第纳尔	Tunisian Dinar	TD.	TND	1TND = 1 000 milliemes（米利姆）
	阿尔及利亚	阿尔及利亚第纳尔	Algerian Dinar	AD.	DZD	1DZ = 100 centimes（分）
	摩洛哥	摩洛哥迪拉姆	Moroccan Dirham	DH.	MAD	1MAD = 100 centimes（分）
	毛里塔尼亚	乌吉亚	Mauritania Ouguiya	UM	MRO	1MRO = 5 khoums（库姆斯）
	塞内加尔	非共体法郎	African Financial Community Franc	C. F. A. F.	XOF	1XOF = 100 centimes（分）
	上沃尔特	非共体法郎	African Financial Community Franc	C. F. A. F.	XOF	1XOF = 100 centimes（分）
	科特迪瓦	非共体法郎	African Financial Community Franc	C. F. A. F.	XOF	1XOF = 100 centimes（分）
	多哥	非共体法郎	African Financial Community Franc	C. F. A. F.	XOF	1XOF = 100 centimes（分）
	贝宁	非共体法郎	African Financial Community Franc	C. F. A. F.	XOF	1XOF = 100 centimes（分）
	冈比亚	法拉西	Gambian Dalasi	D. G.	GMD	1GMD = 100 bututses（分）
	几内亚比绍	几内亚比索	Guine-Bissau peso	PG.	GWP	1GWP = 100 centavos（分）
	几内亚	几内亚西里	Guinean Syli	GS.	GNS	辅币为科里 cauri，但50科里以下舍掉不表示；50科里以上进为1西里。
	塞拉里昂	利昂	Sierra Leone Leone	Le.	SLL	1SLL = 100 cents（分）
	利比里亚	利比里亚元	Liberian Dollar	L. $ £;Lib. $	LRD	1LRD = 100 cents（分）
	加纳	塞地	Ghanaian Cedi	¢	GHC	1GHC = 100 pesewas（比塞瓦）
	尼日利亚	奈拉	Nigerian Naira	N	NGN	1NGN = 100 kobo（考包）

续表

国家或地区		货币名称		货币符号		辅币进位制
		中文	英文	原有旧符号	标准符号	
非洲	喀麦隆	中非金融合作法郎	Central African Finan-Coop Franc	CFAF	XAF	1XAF = 100 centimes（分）
	乍得	中非金融合作法郎	Central African Finan-Coop Franc	CFAF	XAF	1XAF = 100 centimes（分）
	刚果	中非金融合作法郎	Central African Finan-Coop Franc	CFAF	XAF	1XAF = 100 centimes（分）
	加蓬	中非金融合作法郎	Central African Finan-Coop Franc	CFAF	XAF	1XAF = 100 centimes（分）
	中非	中非金融合作法郎	Central African Finan-Coop Franc	CFAF	XAF	1XAF = 100 centimes（分）
	赤道几内亚	赤道几内亚埃奎勒	Equatorial Guinea Ekuele	EK.	GQE	1GQE = 100 centimes（分）
	南非	兰特	South African Rand	R.	ZAR	1ZAR = 100 cents（分）
	吉布提	吉布提法郎	Djibouti Franc	DJ. FS；DF	DJF	1DJF = 100 centimes（分）
	索马里	索马里先令	Somali Shilling	Sh. So.	SOS	1SOS = 100 cents（分）
	肯尼亚	肯尼亚先令	Kenya Shilling	K. Sh	KES	1KES = 100 cents（分）
	乌干达	乌干达先令	Uganda Shilling	U. Sh.	UGS	1UGS = 100 cents（分）
	坦桑尼亚	坦桑尼亚先令	Tanzania Shilling	T. Sh.	TZS	1TZS = 100 cents（分）
	卢旺达	卢旺达法郎	Rwanda Franc	RF.	RWF	1RWF = 100 cents（分）
	布隆迪	布隆迪法郎	Burnudi Franc	F. Bu	BIF	1BIF = 100 cents（分）
	扎伊尔	扎伊尔	Zaire Rp Zaire	Z.	ZRZ	1ZRZ = 100 makuta（马库塔）
	赞比亚	赞比亚克瓦查	Zambian Kwacha	KW.；K.	ZMK	1ZMK = 100 nywee（恩韦）
	马达加斯加	马达加斯加法郎	Franc de Mada-gasca	F. Mg.	MCF	1MCF = 100 cents（分）
	塞舌尔	塞舌尔卢比	Seychelles Rupee	S. RP（S）	SCR	1SCR = 100 cents（分）
	毛里求斯	毛里求斯卢比	Mauritius Rupee	Maur. Rp.	MUR	1MUR = 100 centimes（分）
	津巴布韦	津巴布韦元	Zimbabwe Dollar	ZIM. $	ZWD	1ZWD = 100 cents（分）
	科摩罗	科摩罗法郎	Comoros Franc	Com. F.	KMF	1KMF = 100 tambala（坦巴拉）

世界部分国家货币样图

1. 美国

货币名称是美元,货币上明显标记：THE UNITED STATES OF AMERICA（如图 3-8-5

所示)。

图 3-8-5

2. 加拿大

货币名称是加元(如图 3-8-6 所示)。

图 3-8-6

3. 俄罗斯

货币名称是卢布(如图 3-8-7 所示)。

图 3-8-7

4. 日本

货币名称是日元(如图 3-8-8 所示)。

图 3-8-8

5. 德国

货币名称是马克(如图 3-8-9 所示)。

图 3-8-9

6. 法国

货币名称是法郎(如图 3-8-10 所示)。

图 3-8-10

7. 澳大利亚

货币名称是澳大利亚元(如图 3-8-11 所示)。

图 3-8-11

1. 请指出图 3-8-12、图 3-8-13 是哪个国家的货币?

项目三　点钞与验钞

图 3-8-12

图 3-8-13

2. 你对世界货币知道多少?

项目四

计算器和计算机数字小键盘录入

 实训目标

熟悉算术型计算器表面各按键的功能；了解算术型计算器工作的基本过程；掌握算术型计算器的使用方法和计算器盲打以及传票翻打的技能。培养学生的动手操作能力。熟悉计算机数字小键盘的结构功能；掌握计算机小键盘的功能和作用；熟悉数字小键盘的击键姿势和击键方法。

 实训内容

计算器的具体使用方法以及注意点；数字小键盘的正确操作姿势；数字小键盘区的指法。

 实训用具

学生用计算器、教学用计算机、练习用传票、练习用软件。

实训 1　计算器录入

 阅读资料

计算器的发展

中国古代最早采用的一种计算工具叫筹策，又被叫作算筹（如图 4-1-1 所示）。这种算筹多用竹子制成，也有用木头、兽骨充当材料的。约 270 枚一束，放在布袋里可随身携带。后期经过改良，就成为我们所熟悉的算盘。算盘可以称为最古老的计算器。

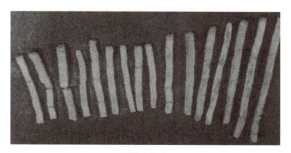

图 4-1-1

1977年，日本卡西欧(Casio)公司生产出世界上第一部微型电子计算器MQ-6(如图4-1-2所示)。这种袖珍计算器可握在手掌中，使用方便，可进行八位数的四则运算、十六位数的概数计算，以及有关百分比和幂的计算，此外还有时钟、秒表和年历的功能。

图 4-1-2

图 4-1-3

随着半导体技术的飞速发展，计算器体积越来越小，可以像手表一样戴在手腕上(如图4-1-3所示)，也可以像薄纸一样夹在书里(如图4-1-4、图4-1-5所示)。它们价格低廉，耗电很少，而功能越来越多，有的可以记录电话号码，有的可以计时或当闹钟用，有的还能翻译外语单词。

图 4-1-4

图 4-1-5

简易计算器主要用于加减乘除；科学计算器，又增添了初等函数运算(有的还带有数据总加、求平均值等统计运算)。比较高级的是可编程计算器，用它可以编写一定步骤的程序，这与计算机已经很相似了。

一、电子计算器的基本知识

（一）电子计算器的种类

电子计算器(Calculator)，是袖珍电子计算器的简称。它由电源、开关、显示器、键盘、内部电路构成。

目前，常见的电子计算器有三类：

(1) 算术型计算器，可进行加、减、乘、除等简单的四则运算，又称简单计算器(如图4-1-6所示)。

(2) 科学型计算器，可进行乘方、开方、指数、对数、三角函数、统计等方面的运算，又称函数计算器(如图4-1-7所示)。

(3) 程序计算器，可以编程序，把比较复杂的运算步骤储存起来，进行多次重复的运算。

它的特点是体积小、质量轻、便于携带、运算迅速准确、操作简便(如图 4-1-8 所示)。

图 4-1-6　　　　　　图 4-1-7　　　　　　图 4-1-8

(二) 各类按键的介绍

计算器各类按键如图 4-1-9 所示。

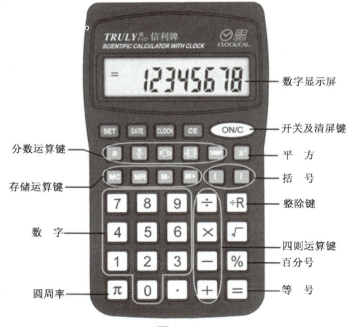

图 4-1-9

1. 功能键

$\boxed{\text{ON/C}}$　开机/清零
按下此键开机。如在操作时按此键,可以删除记忆外的所有输入。

$\boxed{\text{CE}}$　删除输入键

例：　　　123 $\boxed{+}$ 455 $\boxed{\text{CE}}$ 456 $\boxed{=}$ →579

2. 数字键

[0] 至 [9] 数字键

3. 运算键

[+] 加号,按此键计算加法

[-] 减号,按此键计算减法

[×] 乘号,按此键计算乘法

[÷] 除号,按此键计算除法

[+/-] 正负号键,更改显示器中数值的正负号

例:　　　　　　5 [+/-] → -5

[.] 小数点

例　　12.3→ [1] [2] [.] [3]

[=] 等号

完成四则运算(+、-、×、÷)及复数计算。

(三) 使用计算器的步骤

(1) 先按键输入第一个参与计算的数据,注意一定是从高位按起。

(2) 按运算符号键：+、-、×或÷。

(3) 输入第二组参与计算的数据。

(4) 按等号键,出现结果。

(5) 两步运算的,如果第一步结果可直接参与第二步运算,可以接着按运算符号键进入下一步计算;如果第二步运算不能再接着参与运算的,可以先记录第一步运算结果,然后重新按以上程序进行计算。

(四) 在使用过程中需要注意的问题

(1) 使用计算器时,放置要平稳,以免按键时晃动和滑动。

(2) 由于计算器的键盘比较小,按键排列密集,按键时用力要均匀,要按到底。不能用手指或钢笔敲击键盘。

(3) 停止使用时,注意及时按关闭键,节省用电。

(4) 按下数字键后,应看看显示器上的显示是否正确;按运算键时,要看显示器上的数

字是否闪动,如无闪动说明键未按到底,需要重新按键。

(5)每次运算前,要清除计算器里的数据,按一下清除键 ON/C,有的计算器把这个键记作 AC 或 C。

二、计算器盲打技术

1. 基本要求

(1)坐姿端正:正确的坐姿会使操作者轻松自如、动作协调、速度提高。

(2)放置适当:计算器放置的位置一般以方便操作为原则。通常以右手击打键盘,一般放在右边的合适位置。位置确定后,不要随便移动,以免影响运算速度。

(3)握笔灵活:用右手握笔打击键盘和书写答案,运算速度会大大提高。

(4)精力集中:注意力集中是保证运算正确的前提条件。

(5)动作和谐:保持头部不动,眼看账表,手敲键盘,分工明确,眼看手到,答案书写无误。

2. 指法分工与定位

在目前的经济工作中,主要使用加、减运算。手指分工为:右手中指负责"2""5""8""00"键;食指负责"1""4""7""0"键;无名指负责"3""6""9"".键;小拇指或无名指负责"+""-""="键。另外,还可根据具体需要,由食指负责"GT""→""CE""C"键。

击打键盘之前,右手食指、中指和无名指分别定位于 4、5、6 三个数字键上;运算过程中和运算过程结束后,应及时复位。如果坚持握笔练习,速度则会大大提高。

3. 握笔姿势

右手握笔。把笔横压在右手拇指、小指与手掌之间,使笔与手掌平行,笔杆上端伸出虎口并露出 1/3,笔尖露在小指外侧。这样执笔对于击键特别有利,而且便于书写计算结果,减少了取放笔的次数,避免时间浪费。

4. 抄写答案

抄写答案的关键是看得清、看得准,记得牢、写得快,就是所谓的眼明手快。

看得清、看得准就是答案的数字和位数既要看清又要看准,而且大脑要快速记忆,在看的同时手就要快速将笔从与手掌的平行姿势调整为书写姿势,并快速记录,一般答案是正五位的(即小数点前面整数部分是五位数,万位)要求一眼完成,正五位以上的才可以两眼完成。看答案首先要快速反应出首位数的定位,答案记录要求快而不乱,书写清晰、分节号、小数点及小数末尾的"0"都不可缺少,书写完毕执笔姿势快速调整至输入姿势,同时大脑要立即把答案忘记,准备下一道题答案的记忆。

三、计算器传票的翻打

传票算也可称为凭证汇总算。它是对各种单据、发票和记账凭证进行汇总计算的一种方法,也是加减运算中的一种常用方式,是计算器盲打的一个应用项目。

(一)传票算的基本要求

根据传票算的运算特点,计算时使用计算器、传票本,另需一张传票算试题答案纸。传票算每 20 页为一题,运算数码 110 个,传票算题型如表 4-1-1 所示。

表 4-1-1　传票算题型示例

序　号	起止页数	行　数	答　案
一	25—44	（四）	
二	33—52	（二）	
三	11—30	（五）	
四	6—25	（三）	
五	27—46	（一）	

表 4-1-1 中的"序号"表示第几道题，"起止页数"表示传票从第几页开始算到第几页为止，"行数"表示该题每页均算第几行数字，"答案"表示该题的计算结果。

（二）单式传票的翻打

1. 规格

单式传票一般长 18cm，宽 8cm，用 4 号宋体铅字印制。一般每本 100 页。在传票本每页的右上角印有阿拉伯数字，表示传票的页码。每页传票上有五行（笔）数字，每行数字前自上而下依次印有（一）（二）（三）（四）（五）的标志。"（一）"表示第一行数，"（二）"表示第二行，依此类推。每行最高位数为 7 位数字，最低位数为 4 位数字，格式如下：

```
                                    68
（一）              54.79
（二）             148.26
（三）          52 310.75
（四）           8 261.36
（五）             626.80
```

上述传票表示为：第 68 页第一行数字是 54.79，第二行数字是 148.26……依次类推。

2. 运算步骤和方法

（1）整理传票。运算前应先检查传票本有无缺页、重页或数字不清晰、错行、装订方向错误等情况，一经发现，应及时更换传票。待检查无误后，方可整理传票。整理传票就是将传票本捻成扇面形状，使每张传票自然松动，不会出现粘在一起的情况。

捻扇面的方法是：先用双手将传票侧立于桌面墩齐，然后两手拇指放在传票封面上，其余 4 指放在传票背面，左手捏住传票的左上角，右手放在传票的右下方，然后右手拇指向顺时针方向捻动，即成扇形，扇形角度不宜过大，大约呈 25 度角左右，只要将传票封面向下凸出，背面向上凸出，便于翻页即可。最后用票夹将传票的左上角夹住，再用一个较小的夹子夹在传票的最后一页的右下角，以固定扇面。

（2）摆放适当。使用计算器计算时，传票本放在左边，答题纸放在中间（传票本可以压住答题纸，以不影响看题、写数为宜），计算器放在右边（如图 4-1-10 所示）。

（3）操作步骤。找页：找页是传票算的基本功之一。由于传票试题在拟题时并不按自然顺

图 4-1-10

序,而是相互交叉,这就需要在运算过程中前后找页。

找页的方法:① 用手翻找不同厚度的页数以练习手感。② 迅速、准确地找出各题起始页。③ 本题计算完毕,在写数清屏的同时,用眼睛余光浏览下一题起始页,然后左手迅速翻找。

翻页:传票运算时用左手翻页,打一页翻一页(如图4-1-11所示)。

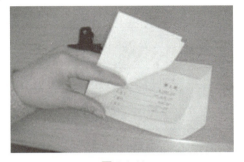

图4-1-11

翻页的方法:左手小指、无名指和中指放在传票本左上方,食指、拇指放在每题的起始页,用拇指的指肚轻轻靠住传票本应翻起的页码处,翻上来后食指配合拇指把翻过的页码夹在中指与食指的指缝中间,以便拇指继续翻页。

记页:传票算每题由20页组成,为避免在计算中发生超页或打不够页的现象,必须在计算过程中默记打了多少次,记到第20次时核对该题的起止页,立即书写答数。

(三) 复式传票的翻打

1. 规格

传票本的大小与单式传票一样,每本100页,有甲、乙两种版别(如图4-1-12所示),甲、乙版每页上印有一笔数。每页上印的阿拉伯数字1、2……表示传票的页数。

2. 运算步骤和方法

翻打复式传票时,方法与单式传票相似。用左手的中指、无名指、小拇指压住传票的左边,用拇指、食指捏页起翻,逐页进行。翻打运算时要做到翻页、看数、默数、按键一气呵成。

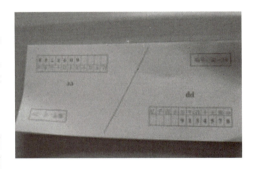

图4-1-12

实训练习

(1) $1\,750 + 1\,473 =$ 　　　$2\,983 - 627 =$ 　　　$32 \times 68 =$

　　$1\,548 \div 43 =$ 　　　$49 \times 39 =$ 　　　$17\,805 - 3\,976 =$

(2) $783 + 56 \times 21 =$ 　　$57 + 272 \div 17 =$ 　　$94 + 184 \times 3 =$

(3) $48 + 97 =$ 　　　　$146 - 89 =$ 　　　$301 + 274 =$

　　$1\,952 - 764 =$ 　　　$102 \times 63 =$ 　　　$4\,608 \div 36 =$

　　$27 \times 39 =$ 　　　　$1\,596 \div 38 =$ 　　　$591 - 243 + 207 =$

　　$52 \times 34 + 625 =$ 　　$3\,815 \div 35 - 27 =$ 　　$32 \times 59 - 1\,034 =$

　　$8\,004 \div 92 + 76 =$ 　　$8\,027 - 7\,570 - 84 =$

(4) 计算器盲打。

① 熟悉键盘,按顺序反复敲击 $13\,579 + 24\,680$;② 实际应用,盲打传票;③ 左右手配合,实战训练。

比一比

（1）用计算器计算：
69 000 + 135 000 =   352 400 − 168 000 =
300 760 − 259 065 =   920 084 + 1 540 217 =

（2）用计算器计算：
203 − 2 584 ÷ 76 =   2 405 ÷ (85 − 48) =
35 × (729 ÷ 27) =   7 641 − 56 × 82 =
2 412 ÷ (288 ÷ 8) =   470 + 21 × 19 =

（3）传票录入训练：

测试时间为每场20分钟。标准正确题数10题以上（含10题）为及格；正确题数12题以上（含12题）为达标；正确题数14题以上（含14题）为良好；正确题数16题以上（含16题）为优秀。

传票录入测试题

题序	起止页数	行次	答数	题序	起止页数	行次	答数
一	55—74	（一）		十六	63—82	（三）	
二	70—89	（四）		十七	37—56	（五）	
三	6—25	（二）		十八	17—36	（二）	
四	21—40	（五）		十九	34—53	（四）	
五	18—37	（三）		二十	28—47	（一）	
六	44—63	（一）		二十一	32—51	（三）	
七	10—29	（四）		二十二	74—93	（五）	
八	40—59	（二）		二十三	3—22	（二）	
九	65—84	（五）		二十四	5—24	（四）	
十	70—89	（三）		二十五	61—80	（一）	
十一	39—58	（一）		二十六	15—34	（三）	
十二	44—63	（四）		二十七	27—46	（五）	
十三	20—39	（二）		二十八	35—54	（二）	
十四	75—94	（五）		二十九	31—50	（四）	
十五	59—78	（三）		三十	11—30	（一）	

实训 2　计算机数字小键盘录入

实训目标

了解计算机数字小键盘的结构功能；掌握计算机小键盘的功能和作用；熟悉数字小键盘的击键姿势和击键方法。

实训内容

数字小键盘的正确操作姿势；数字小键盘区的指法。

实训用具

教学计算机、学生用计算机、练习用传票、练习用软件。

阅读资料

计算机键盘的分区

键盘是计算机中最重要的输入设备,通过键盘实现人与计算机的互相交流、发出各种控制指令。键盘通过一根数据线与主机相连,使用时通过敲击键盘上相应的键位达到录入数据的目的。按照功能,键盘可划分为四个区:主键盘区、编辑键区、功能键区、数字小键盘区(如图 4-2-1 所示)。

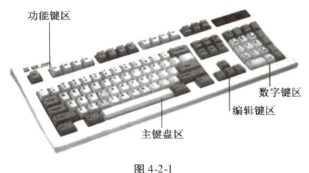

图 4-2-1

一、认识数字小键盘

数字键盘也称小键盘、副键盘或数字/光标移动键盘。其主要用于数字符号的快速输入及财经专业传票录入等,如银行职员和财会人员多使用小键盘。

在数字键盘中,各个数字符号键的分布紧凑、合理,适于单手操作,在录入内容为纯数字符号的文本时,使用数字键盘将比使用主键盘更方便,更有利于提高输入速度。

小键盘中共有17个键位(如图4-2-2所示),其中包括数字操作键——0、1、2、3、4、5、6、7、8、9和小数点,数字运算符号键——加(+)、减(-)、乘(*)、除(/)、Enter(回车)键及Num Lock键(数字锁定键)。

小键盘区左上角的Num Lock键(数字锁定键)是用来打开与关闭数字小键盘区。这是一个反复键,按下该键,键盘上的"Num Lock"灯亮,此时小键盘上的数字键输入数字;再按一次Num Lock键,该指示灯灭,数字键作为光标移动键使用。故数字锁定键又称"数字/光标移动"转换键。

图4-2-2

二、数字小键盘的正确操作姿势

在初学小键盘操作时,必须采用正确的操作姿势。如果姿势不正确,就不能准确快速地输入,也容易疲劳。要使姿势正确,应注意以下几个方面:

1. 眼睛的位置

眼睛的高度应略高于显示器15度,眼睛与显示器距离为15~35cm。

2. 坐姿要求

双腿平放于桌下,身体微微向前倾,背部与椅面垂直,并贴住靠背椅,身体与数字小键盘距离为15~25cm。

3. 肘和腕

右上臂自然下垂,右肘可以轻贴腋边,手腕不要压键盘边缘,右下臂和右手腕略微向上倾,与小键盘保持相同的斜度,右肘部与台面大致平行。

4. 手指的状态

右手手指保持弯曲,形成勺状放于键盘上,轻轻按在与各手指相关的基本键位上。

5. 注意力

将录入的数据原稿平放于小键盘左侧,注意力集中在原稿上,左手食指指向要输入的数据,右手凭借触觉和指法规则击键,此间禁止偷看小键盘。

三、数字小键盘区的手指分工

手指在键盘上的位置分工合理,手指按键盘时接触的点科学,才能加快输入速度。通常规定右手的拇指放在第一排的"0"键上,食指、中指、无名指和小指依次轻放于第三排的"4""5""6""Enter"基准键上,以确定手在键盘上的位置和击键时相应手指的出发位置。原点键也称盲打定位键,在小键盘基准键区中间位置上的"5"键上有一个凸起的短横条(一些键盘上为小圆点),这个键就是小键盘盲打定位键,可用右手指触摸相应的标记以使右手各手指归位。

正确使用小键盘,并不是任何一个手指都可以随便按任何一个按键的。为了提高键盘的敲击速度,在基准按键的基础上,通常将小键盘划分为几个区域,每个区域都由一个手指负责,一定要分工明确互不混淆。小键盘手指分工图如图4-2-3所示。

1. 右手的中指,在小键盘分区中主要负责"/""8""5""2"键的按键工作,一般是将中指放于"5"基准键上。

2. 右手的食指,在小键盘分区中主要负责"Nun Lock""7""4""1"键的按键工作,一般是将食指放于"4"基准键上。

3. 右手的无名指,在小键盘分区中主要负责"＊""9""6""3""."键的按键工作,一般是将无名指放于"6"基准键上。

4. 右手的小指,在小键盘分区中主要负责"－""＋""Enter"键的按键工作,一般是将小指放于"Enter"基准键上。

5. 右手的拇指主要负责"0"键的按键工作,一般将拇指放在"0"基准键上。

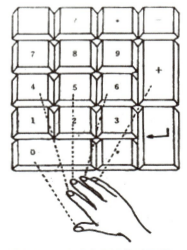

图 4-2-3 小键盘区手指分工图

四、数字小键盘的输入要领

击键之前,将右手拇指、食指、中指、无名指、小指分别放置在 0、4、5、6、Enter 键上,同时右手拇指可自然向掌心弯曲,手掌与键面基本平行。

击键时,食指、中指、无名指和小指要使用指尖,不要使用指腹,拇指使用左侧面,依靠手指和手腕的灵活运动,不能靠整个手臂的运动来击键。身体其他部分不要接触工作台或键盘。击键力度要适中,不可用力过猛。击键时速度要均匀有节奏,要干净利落,不拖泥带水,按得慢放得慢都可能使同一个数字连续输入而造成输入错误。当准备操作小键盘时,手指应轻轻放在相应的基准键上,只有要击键的手指才伸出击键,击完后立即收回至基准键上。由于数字小键盘各键之间的距离短,键数少,从基准键位到其他键位路径简单易记,所以应有意识地训练盲打,减少击键错误,提高输入速度。

五、数字小键盘输入方法技能训练

(一)利用传票练习数字小键盘的输入

在我们学习过程中,录入的数据资料即传票可采用全国珠算比赛使用的传票或全国会计技能大赛使用的活页式传票进行训练。

1. 传票的整理

运算前应先检查传票本有无缺页、重页或数字不清晰、错行、装订方向错误等情况,一经发现,应及时更换传票。待检查无误后,方可整理传票。整理传票就是将传票本捻成扇面形状,使每张传票自然松动,不会出现粘在一起的情况。

捻扇面的方法是:先用双手将传票侧立于桌面墩齐,然后两手拇指放在传票封面上,其余 4 指放在传票背面,左手捏住传票的左上角,右手放在传票的右下方,然后右手拇指向顺时针方向捻动,即成扇形,扇形角度不宜过大,大约呈 25 度角,只要将传票封面向下凸出,背面向上凸出,便于翻页即可。最后用票夹将传票的左上角夹住,再用一个较小的夹子夹在传票的最后一页的右下角,以固定扇面。

2. 翻页

传票捻成扇形后,左手的小指、无名指自然弯曲,压在传票的左下端偏中间的位置,其余三指自然张开,做好翻页准备,用拇指指腹进行翻页,并将该页推送至食指和中指之间,食指和中指配合夹住已输入完毕的传票,同时,拇指伸向下一页,做翻页的准备。注意翻页时应用拇指指腹翻票页的刃边,翻页的角度不宜过大,以能看清楚数据便于输入为准。

微课3
(传票的整理摆放)

要做到翻页的快速准确,必须注意眼手脑的相互协调,做到:先翻一步,眼比手快,手脑并用,看比按快。

(1) 左右手之间的协调:左手翻传票时,右手直接将传票上的数字敲入小键盘。

(2) 眼脑手之间的协调:左手翻开传票时,眼睛应迅速看完应输入的数字,大脑同步记住数字,右手连续不断地将此行数字敲入小键盘。确保右手未打完当页数时,左手已经翻到下一页,保持动作的流畅。

微课4
(传票的找页翻页)

利用大连爱丁数码产品翰林提或平板电脑设备进行传票翻打教学或训练时,可以根据不同阶段或需要,设置不同的传票算模式(如图4-2-4、图4-2-5所示)。

图 4-2-4

图 4-2-5

测试模式下,系统可以保存最后成绩,并且可以通过无线网络发送测试成绩,该模式可以在比赛时使用。

练习模式下,系统不能保存成绩,也不能发送成绩,但是可以保存成长历程,该模式只用于平时的练习时使用。

(二) 利用软件进行数字小键盘的输入

常见的练习软件有"金山打字""数字小键盘练习""百乐财务金额小键盘打字练习"等。例如,用"百乐财务金额小键盘练习软件"进行练习时,可自行设定单据样式、计时方式、习题总量,经电脑随机出题后,根据模拟的"收款凭证、付款凭证、现金收入日记账、现金支出日记账、出库单、入库单"进行输入。可以多人练习,同一组题目还允许多次练习,以便相互对比找出经常出错的地方。该软件中还设置有个人积分榜、练习成绩排行榜,以及同一组题目多次练习后的成绩对比表。这样可以及时发现薄弱环节,在短时间内快速突破单手输入关。

微课5
(传票的计算)

上述两项训练内容应该结合进行训练,可先利用软件熟悉小键盘操作,达到见到屏幕上显示输入内容,做到盲打也可准确输入的熟练程度,所花费的时间越少越好;再加强传票准确翻打方法的训练(可以利用两张一翻加心算的方式);最后做到二者的有机结合。

**实训练习**

(一) 基本技能训练

1. 数字小键盘基准键位和原点键数字录入练习。

(1) 输入 456　546　654　656　554　665　666　445　455　454

(2) 输入 789　879　987　989　887　998　999　778　788　787

(3) 输入 1 023　2 013　3 012　3 021　1 032　5 046　4 506　6 054　9 708　8 970　7 098

(4) 输入 147　174　417　471　714　741　258　285　528　582　825　369　396　693　639　963

(5) 输入 + ENTER + ENTER + ENTER + ENTER + ENTER + ENTER + ENTER + ENTER

(6) 输入 21 312 + 32 432 432 + 44 354 353 − 23 432

2. 上机按照练习软件进行训练,要在100%准确率的前提下,逐步提高速度。

(二) 传票录入训练

1. 测试评定标准。

测试时间为每场20分钟。标准正确题数10题以上(含10题)为及格;正确题数12题以上(含12题)为达标;正确题数14题以上(含14题)为良好;正确题数16题以上(含16题)为优秀。

2. 传票录入测试题。

题序	起止页数	行次	答　数	题序	起止页数	行次	答　数
一	31—50	(一)		十六	56—57	(三)	
二	14—33	(四)		十七	27—46	(五)	
三	28—47	(二)		十八	78—97	(二)	
四	68—87	(五)		十九	1—20	(四)	
五	52—71	(三)		二十	69—88	(一)	
六	42—61	(一)		二十一	55—74	(三)	
七	63—82	(四)		二十二	38—57	(五)	
八	16—35	(二)		二十三	29—48	(二)	
九	46—65	(五)		二十四	76—95	(四)	
十	70—89	(三)		二十五	3—22	(一)	
十一	39—58	(一)		二十六	30—49	(三)	
十二	44—63	(四)		二十七	27—46	(五)	
十三	71—90	(二)		二十八	4—23	(二)	
十四	67—86	(五)		二十九	31—50	(四)	
十五	45—64	(三)		三十	43—62	(一)	

项目五

电子收款机的操作

 实训目标

了解电子收款机的类别与基本结构,熟悉POS机的功能,掌握POS机的前台收款操作技能,明确电子收款机的维护要求。

 实训内容

电子收款机的类别,电子收款机的结构,POS机的键盘功能,电子收款机的操作及维护,电子收款机常见故障及处理。

 实训用具

教学用收款机、学生用收款机、配套软件。

实训1 电子收款机的操作

 阅读资料

收款机的历史

电子收款是微电子技术发展及现代化商品流通管理理念和技术发展相结合的产物,而电子收款机则是现代化、自动化商业管理必不可少的基本电子设备之一。世界上最早的收款机是在1879年,由美国的詹敏斯·利迪和约翰·利迪兄弟制造,其功能只是实现营业记录备忘和监督雇用人的不轨行为。到20世纪60年代后期,随着电子技术的飞跃发展,日本率先研制成功了电子收款机(ECR)。电子收款机的发明具有划时代的意义,其技术性能和商业功能远远超过原型的机构式现金收款机,具有智能化、网络化、多功能的特点,成为在商业销售上进行劳务管理、会计账务管理、商品管理的有效工具和手段。到20世纪80年代中期,功能强劲的商业专用终端系统(POS)产生,成为第三代收款机。POS与ECR的最大区别在于它有着直接即时入账的特点,有着很强的网上实时处理能力,POS将电脑硬件和软件集成,形成一个智能型的、既可独立工作也可在网络环境下工作的商业工作站。

一、电子收款机的类别

收款机发展到今天,已形成多种机型并存的局面。主要有以下几种:

(一)一类机

一般情况下,一类机不具备通信能力,因此不能作为信息系统的数据采集终端。一类机的功能虽简单,但使用方便,价格低廉,适用于小型的专卖店、杂货店和饭馆等。

(二)二类机

二类收款机是具备商品单品管理能力和联网通信能力的收款机,也称 On-Line ERC,一类机具有的功能二类机都具有,它的功能更强。二类机的最大特点是多台联网功能,也可将其网络系统与通用计算机相连,后者统一管理,因而可用于大型商业企业销售的全面管理。

(三)三类机

三类机是基于 PC(Personal Computer,个人计算机)的电子收款机,也称为 POS 终端,是智能型的真正意义的 POS 系统收款机,也称为 PC-POS 电子收款机。它是计算机技术、通信技术和机械技术的综合应用,使收款由早期单纯的信息采集工具进化为多功能的信息处理工具。它的硬件载体是以微机技术为基础的,因此软件丰富、完善,可以为后台管理软件提供一套很完善的销售管理基础数据。

二、电子收款机的结构

(一)电子收款机的基本结构

电子收款机主要由电子器件和机械部件组成,包括如下几个基本部分(如图 5-1-1 所示)。

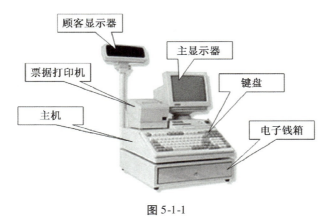

图 5-1-1

1. 中央数据处理部件(主机)

它是电子收款机的心脏,用于处理、计算由键盘输入的商品件数、金额等各种收款数据,控制收款机的各种设备和部件。

2. 存储器

它用于存储收款机的程序和销售商品的数量、金额、税金及各类报表等数据信息。

3. 键盘

键盘（如图 5-1-2 所示）用来输入各种销售数据，分为机械式键盘、电容式键盘及薄膜式键盘三种。前两种输入速度高，多用于企业和超市；薄膜式键盘防水防尘，主要用于餐饮业。

图 5-1-2

4. 打印机

它是 ECR 输出的关键部件，用于打印销售发票和管理存根。商业企业一般要求双层存根或双层打印。打印机有字轮打印机、针式打印机、热敏打印机和压感打印机。

5. 显示屏

ECR 的显示部件一般有两个，一个是收款员用的显示器，另一个是提供给顾客用的显示器，这样方便收款员和顾客进行人机对话，多采用荧光数码或液晶数码显示。

6. 钱箱

钱箱（如图 5-1-3 所示）用于存放收款现金，带有电子控制的开关装置。

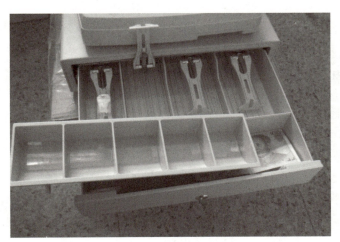

图 5-1-3

7. 外部设备接口

它用于连接条形码阅读器、发票打印机、条形码电子秤及通信联网等（如图 5-1-4 所示）。

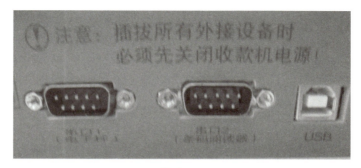

图 5-1-4

8. 权限锁

权限锁（如图 5-1-5 所示）用于实现权限控制。

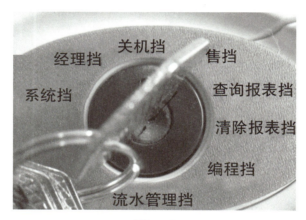

图 5-1-5

9. ECR 的运行软件

它用于销售数据的录入、加工、输出、存储、传送、通信，并对各设备进行管理。

（二）电子收款机的外部设备

随着现代技术的发展，电子收款机的附件设备逐渐增多，常见的主要有以下几种：

（1）打印机——电子收款机除内置打印机外，还可联接外置打印机（如餐饮业中所用的厨房打印机和票据打印机）。

（2）条码阅读器——也称条形码扫描器（如图 5-1-6 所示），是条形码的读入装置。从外观上可分为四种：笔式、手持式、台式、卡式；按光源可分为两种：红外光和激光。

（3）磁卡读写器——它是一种磁记录信号的读入或写入装置。将信用卡记录的信息读入收款机。它的种类和型号较多，从磁迹数量上区分为单轨、双轨、三轨三种（如图 5-1-7 所示）。

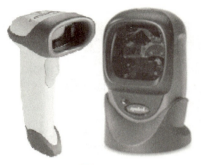

图 5-1-6　　　　　　　　　　　　　图 5-1-7

（4）电子秤——现场称重计量商品时，电子秤将重量及其数据传给收款机（如图5-1-8所示）。

图 5-1-8

（5）调制解调器——即 MODEM，将收款机的数据通过电话线传给电脑。
（6）后备电源——即 UPS，用于断电后由电池直接向收款机供电。
（7）通信联网接口——其硬件由一组芯片或卡和物理端口组成，其软件由一组程序组成。主要有收款机之间通信的接口及收款机与电脑连接的485接口卡。

三、PC-POS 电子收款机的功能

三类电子收款机，即基于 PC 的电子收款机，也称为 PC-POS 电子收款机。三类机具有以下几项功能：

1. 收款机交易功能

PC-POS 电子收款机与其他收款机一样，首先具有收款机的各项交易操作、收据打印、一般销售报表打印等功能，这些功能的完成均由 PC-POS 电子收款机的前台销售系统完成。

2. POS 后台数据管理功能

PC-POS 电子收款机还具有 POS 系统的后台数据处理的功能，用来提供各种管理信息，完成商品进、存、退的各项管理工作，打印输出各种需要的规范报表，这些功能均由 PC-POS 电子收款机的后台销售系统完成。

3. PC 机功能

有的 PC-POS 电子收款机使用收款操作与 PC 机操作分开的键盘,当使用 PC 机键盘时,可以完成 PC 机所具有的各种操作功能,诸如文件管理、程序设计、文字处理等工作。

4. 联网功能

一般情况下,PC-POS 电子收款机不仅可单机使用,也可以联网使用。

四、电子收款机的交易操作

由于不同型号的电子收款机操作方法各异,为说明问题,在此以 MA-1650 电子收款机(二类机)为例,介绍电子收款机的使用方法(如图 5-1-9 所示)。

M-1650 收款机键盘(标准布局)

签到收据	确认		收据打印	收据进纸	日记进纸
非交易	售货员		清除		#
数值解除	选项修正		7	8	9
运货	×		4	5	6
过时更正	金额		1	2	3
及时更正	PLU		0	00	

1	6	11	16	21	26	卡号	库存
2	7	12	17	22	27	入金	全部取消
3	8	13	18	23	28	支出	日
4	9	14	19	24	29	外币1	%
5	10	15	20	25	30	优	选项总计
小计		现金合计		支票		赊销	优惠券	其他

图 5-1-9

(一)MA-1650 的基本操作

1. 打开电源

首先检查开关的接触等情况。

2. 收款员登录、签退操作

收款员登录、签退有两种方式:一种为收款员开始收款的正常登录及停止收款的正常签退;另一种为收款过程中暂时停止收款(时间很短)须退出收款状态的临时签退,恢复收款须做临时签到。操作方法如下:

(1)签到。输入"1111",点击〔签到/收据〕。打印出签到票据,并进入销售状态。其中"1111"为收款员密码。

(2)签退。输入"0",点击〔签到/收据〕。打印出签退票据,退出销售状态。

(3)临时签退。输入"9",点击〔签到/收据〕。打印出临时签退票据,收款员暂时离开,不久将返回。

(4)临时签到。输入"1111",点击〔签到/收据〕。打印出临时签到票据,可以进入销售状态。

3. 交易操作

收款机操作既可按部门输入商品信息,也可按 PLU 码输入商品信息。

(1) 一笔交易的操作:输入单价、部门号、金额(顾客付款),点击〔现金/合计〕。

(2) 〔x〕键操作(多个同一商品的输入)。输入数量,点击〔x〕,输入单价、部门号,点击〔小计〕,输入金额(顾客付款),点击〔现金/合计〕。

(3) 多笔交易的操作。输入数量、单价、部门号,重复 n 次,点击〔小计〕,输入金额(顾客付款),点击〔现金/合计〕。

4. 改错方式

在收款操作中,有可能出现输入错误。根据错误发生的不同阶段或内容有以下几种改错方式:

(1) 〔清除〕键。输入过程中,将数字输错,在没有确定部门之前,点击〔清除〕,清屏后重新输入正确数量或金额,然后继续后面的操作,此时钱箱不打开。输入数字(数量或单价),点击〔清除〕,输入数字(正确)等。

(2) 及时更正。除去或更改最后一项,并在收据和日记上对所除去项目的上面打印一条线,说明画线的款项没有收。它与〔清除〕键的区别在于,发现输入错误,如果没有按部门键,可按〔清除〕键清除,然后重新输入正确信息。如果已按部门键,则需使用〔及时更正〕键,删掉此项信息。按程序输入后,点击〔及时更正〕,重新输入数量、单价、部门号,点击〔小计〕(可继续输入正确信息),输入金额(顾客付款),点击〔现金/合计〕。

(3) 过时更正。在当前销售中删除或更改前面已输出的某一项(非最后一项)。输入数量、单价、部门号,点击〔过时更正〕,重新输入数量、单价、部门号,点击〔小计〕(可继续输入其他信息),输入金额(顾客付款),点击〔现金/合计〕。

5. 全部取消的操作

当前项交易在结束前,发现要取消所有的操作。输入数量、单价、部门号,点击〔小计〕〔全部取消〕〔及时更正〕。

6. 〔退货〕键操作

用于顾客退货后退款的操作(退货不能被及时更正或过时更正的,需要在部门主管监督下进行)。输入退货、金额、部门号,点击〔小计〕〔现金/合计〕。

7. 商品打折的操作

目前由于商家的经营方式比较灵活,有诸如打折、优惠等形式多样的促销手段,因此利用收款机收款,可以使各种促销方式更灵活,账务管理更方便、快捷。

(1) 单品打折。销售中某一种商品要减去一个百分比。输入数量、单价、部门号、折扣数,点击〔% -〕〔小计〕,输入金额,点击〔现金/合计〕。

(2) 整体打折。对当前操作的所有项目要减去一个百分比。输入数量、单价、部门号,点击〔小计〕,输入折扣数,点击〔% -〕,输入金额,点击〔现金/合计〕。

(3) 金额折扣键。用于从销售中减去一定的金额,作为销售的折扣。输入数量、单价、部门、金额(减的金额),点击〔POS〕,输入金额,点击〔现金/合计〕。

8. 非现金键的操作

目前很多企业的结算方式不止现金一种,也可使用支票、优惠券、信用卡等方式结算,这些形式收款机都能很好地实现。

(1)〔支票〕键的使用。输入数量、单价、部门号,点击〔小计〕,输入金额(实际购物金额),点击〔支票〕。

(2)〔优惠券〕键的使用。输入数量、单价、部门号,点击〔小计〕,输入优惠金额,点击〔优惠券〕。

(3)〔赊销〕键的使用。输入数量、单价、部门,点击〔小计〕〔赊销〕。

9. 利用〔PLU〕键输入商品信息

目前,各商家多以商品的 PLU 码进行信息录入,其操作方法与上述操作方法基本相同,只是将输入单价改为输入编码,由部门键确定改为〔PLU〕键确定。这种输入商品信息的方法可利用条码扫描仪,大大提高商品信息输入的速度。

(二)PC-POS 电子收款机实例

由于生产厂家不同,商家的管理方式也各有特点,因此其 PC-POS 电子收款机的软件程序也不尽相同,本书仅以 ED-IOI PC-POS 电子收款机为例进行简单介绍。

1. 键盘功能说明

ED-IOI PC-POS 电子收款机的键盘为 128 键,分为左右两部分。左边为 84 键的 PC 机操作键盘,右边 36 键为收款机键盘,这两部分只能有一个在进行工作,互相锁定。

2. 商品建档登录操作

ED-IOI 的商品登录通过运行软件 PRODUCT.EXE 完成,在 DOS 操作系统下执行 PROD-UCT 指令完成,具体操作如下:

C:\ > PRODUCT < ENTER >

序号	条形码编码	商品名称	售 价
当输入商品的有关数据后屏幕显示如下:			
序号	条形码编码	商品名称	售 价
1	220865501740	猪肝	2.60
2	692418782854	洽洽香瓜子	4.90

在上面的输入操作中,序号是自动生成的。

商品的条形码输入可以有以下三种方法。第一,用条形码阅读器扫描商品的条形码,该商品的条形码自动输入。第二,用键盘输入条形码编号,ENA-13 条形码及 UPC-A 条形码只需要输入 12 位数字,校验码不必输入。ENA-8 码及 UPC-E 码只要输入 7 位数字,系统会在前面自动补 21 作为区别,其余自动补零。第三,店内码为 6 位,可随意编码输入,系统在前面自动补 20 作为区别。

输入条形码后依次输入商品的名称和售价即可完成一个商品的建档。新商品建档完成后按〔Esc〕键回到菜单。

3. 机器工作状态的设置操作

收款机的机器工作状态设定操作可在进行商品销售时随时进行,该项操作在系统的前台销售程序系统中。操作时应先进入销售状态,在 DOS 状态下键入命令。进入正常的销售画面,在此画面下按收款机部分的功能键即进入机器工作状态的设定操作,屏幕显示"机器设定及结算表"的菜单,收款员可移动光带到需要的功能选择并按〔Enter〕,进入有关的操作,如可修改时间、进行折扣数额的确定和有效位数设定等,但收款员无权操作及修改,只能由专门的管理人员进行操作。

4. 收款操作

例如:某顾客购买编号为 200352 与 300456 的商品各一件,价格分别为 25 元、54 元。操作为:输入"200352",点击〔#〕,输入"300456",点击〔#1〕〔ST〕〔CA/TL〕。或读商品条形码:依次刷 200352、300456 号条形码,点击〔ST〕〔CA/TL〕。

5. 商品销售时段结账报表生成

根据需要,可打印各种报表,如销售时间段报表、PLU 报表等。

(三)POS 收款机操作

1. 开机

打开电源开关,等待机器的启动,直至出现"员工登录"窗口。

2. 登录

在"员工登录"窗口,先输入正确的员工号,按下〔Enter〕,然后输入口令再按下〔Enter〕,如果口令正确即可进入系统。

3. 退出

在"销售"窗口中,按下〔Enter〕(或〔1〕)表示确认,即退回到"员工登录"窗口,等待下一个员工登录。

4. 关机

如当前在"销售"窗口中,则先按前条所述退出。如在"员工登录"窗口中,按下〔退出〕,屏幕上会出现两个询问窗口,按下〔Enter〕(或〔1〕)后表示确认,等待片刻,直到出现"现在您可以安全地关闭计算机了"字样即可关闭电源。

5. 输入交易明细

在"销售"窗口中,在明细"货号"栏输入商品代码(可以采用条码扫描、键盘输入代码和热键三种方法)。如果没有此商品,则不显示该商品的名称等信息且光标停留在"货号"栏中;如存在此商品信息,则将显示出该商品的名称、单价等信息。在"数量"栏中输入销售数量,如果不输入数量缺省为 1。如要修改,则可以使用箭头键,将光标移动到需要修改的明细上,直接进行修改。

6. 交易开票

按照前一条所述,进入交易开票后,屏幕右上角第二行将显示当前交易的"应收"金额,在"预付"金额中输入顾客所付的金额数,按〔Enter〕后显示出"应找"金额,再按下〔开票〕键,当前交易即完成。

7. 退货

在"销售"窗口中,按〔退货〕键即进入"退货"窗口。如果屏幕中间出现"经办人登入的窗口",则说明当前登入的员工没有"退货"权限。如果经办人登入成功则进入"退货"窗口。

8. 冲账

就是对已经做过的交易产生一笔新的交易使之相互冲抵。

在"销售"窗口中,按〔冲账〕键即进入"冲账"窗口。如果屏幕中间出现"经办人登录"

的窗口,则说明当前登录的员工没有"冲账"权限。如果经办人登录成功则进入"冲账"窗口,选择某一笔交易,按〔开票〕后进入冲账。

9. 修改口令

在"销售"窗口中,按下〔功能〕〔1〕,出现修改口令框:先输入旧的口令,如果正确就可以输入新的口令。输入新的口令:将新的口令再输一遍,前后口令必须一致。

五、电子收款机结束工作的操作

(1)收款机在结束工作后要退出工作状态。

(2)二类机在结束工作后退出工作状态时,收款员要进行签退程序的操作。操作方法如下:输入"0",点击〔签到/收据〕,然后将钥匙拨到锁机档。此时键盘上所有按键都失去作用,然后关闭电源开关。

(3)三类机则根据屏幕提示用户,按步骤退出收款状态,且回到主画面日结,取出钱款,收款员签退,退出系统,然后关闭主机电源。

实训2 电子收款机的日常维护

阅读资料

收银常识

1. 零用金。为了应付找零及零钱兑换的需要,每天开始营业之前,每个收款员必须在开业前将零钱准备妥当,并铺在收款机的钱箱内。

2. "暂停收银"牌。在收款员暂时下岗停止收款时,需要将"暂停收银"牌向着顾客排队结账的方向出示,必须提前出示,以免更多的顾客排队结账。

3. 清洁用具。抹布、清洁桶是给收款员做收款区域卫生时用的。

4. 赠品。是商场自身或供应商通过商场提供给顾客的免费产品,不需要通过付款程序。一般的标识是产品本身的外包装明确有"非卖品""试用(吃、饮)装""赠品"等标识,或与商品进行捆绑包装销售的物品。

5. 已付款商品。对家电、精品、酒类等专柜销售的部分商品,在其专柜收款机已经付款,付款的商品有收款小票凭证并符合特定的包装。

6. 收款小票。顾客付款后,收款机会依据商品扫描顺序打印出一份清单,称收款小票,包括品名、价格、付款等信息。收款员必须对每一位付款后的顾客提供与其所购商品相符的收款小票。

7. 兑零。收款员在零钱不足时,要请求兑换零钞。

8. 退换货办理。收款员不能直接在收款机进行退换货。退货只能在规定的地方和规定的收款机,由授权人员办理。

9. 消磁。是指在收款后对贴在商品上的防盗码进行解除磁性的动作。

10. 请求帮助。收款员可用公司规定的方式,如警灯、信号牌、广播等方式请求管理人员帮助。

一、电子收款机的管理

（一）日常管理

（1）收款机由收银员负责日常使用及管理工作。

（2）每天必须清洁收款机及其外围相关设备,以保持机器外表的整洁。

（3）开启收款机,检查机器运作是否正常,检查机内程序设定和各项统计数值是否正常,检查日期是否正常,各项数字是否归零。

（4）不能用力敲击键盘、随意转动客户屏,以免造成客户屏数据线松动或扭断。

（5）工作时动作要轻,特别是在开启、关闭钱箱时要防止震动。

（6）在收款机上不能放置任何物品,亦不能在周边放置液态物品,以防液体浸入机身。

（7）严禁频繁开启和关闭收款机,未经计算机管理部门人员的同意,不能随意搬动、拔插收款机后盖的电源线、数据线。

（8）电源线的连接应安全和固定,不能随意搬动机器和拆装内部器件。

（9）断电关机后,至少在一分钟后才可再次开机,不能频繁开、关机,并经常检查打色带和打印纸,及时更换色带和打印纸,保持打印机内部的清洁。

（10）发生停电、断电时,应保管好自己的财物,通知设备维护员,待重新启动各项数据正常才可再进行收银操作。

（11）营业结束后,收银员应将收款机里的所有现金、购物券、单据收回金库并放入公司指定的保险箱内,收款机的抽屉必须开启,直至明日营业开始。

（12）严格按照电子收款机的开、关机程序操作。开机时应首先打开 UPS 电源,再开启主机电源;关机时应先退出收银系统,关闭主机电源,再关闭 UPS 电源,最后盖上防尘罩。

（二）专业管理

（1）定期清洁机器,除尘、除渍。由计算机管理部门人员对收款机的键盘、打印机、内壳进行清洁,每月不少于一次。

（2）当收款机不小心浸入液体时,须立即切断电源,通知计算机管理人员到场处理。

（3）付款前发现多录、错录商品时可以自行更改、调整;付款打单后则一定要在服务台处理,不能私自在收银台处理。

（4）发生死机时,如尚未按打印键,重新启动即可;如已按了打印键,应将单据号和商品编号记下并在后台进行查询,看是否上传,如未上传,则需补打单据。

（5）当收款机出现故障时,应立即通知计算机管理人员到场解决,并尽量保护故障现场。

二、配套设备的管理

（一）条码阅读器

1. 日常管理

（1）日常工作中应注意扫描器的保养和管理,注意避光、除尘,经常保持扫描窗口表面的清洁;并注意轻拿轻放,以防碰摔仪器。

（2）非工作时间必须切断扫描器的电源。
（3）扫描器待机时，应用盖板遮住扫描窗口。
（4）当营业结束收银台关闭时应切断扫描器的电源。

2. 专业管理

（1）使用前，应先检查一下扫描器位置是否放置正确。

（2）接通电源后，扫描器绿色指示灯亮，同时听到"嘟"的声响，如是台式扫描器还会产生垂直向上、纵横交错的激光网，即表示扫描器工作正常，并处于待机状态。

（3）使用时，应注意商品条码是否有断码、变色、模糊等现象；扫描商品时，要手握扫描器手柄，将扫描窗口对准商品条码，当扫描器发出"嘟"的声响，则表示商品条码已被正确识别输入。

（4）工作中如有异常现象，如扫描器亮红灯、开机或扫描商品条码时无"嘟"声响、商品信息无显示等现象，此时应立即停止工作，并及时通知计算机管理人员前来检查维修。

（二）打印机

电子收银机除内置打印机外，还可连接外置打印机，如餐饮业中所用的厨房打印机和票据打印机。

（1）经常保持打印机的清洁，不得随意移动和私自拆卸打印机。

（2）当屏幕显示"打印机未准备好"或"打印机未上纸"时，首先检查打印机电源开关，其次看打印机是否已上好纸，打印机的电源线是否连接好。

（3）打印机打出的单据空白时，检查色带是否卡住不转动，应及时更换色带，且规格型号要相符。

（4）打印机突然停止打印时，检查是否错按了"不出票"键。

（5）打印机面架不能承受过大的压力。

（6）打印机的打印厚薄间隔要正确调好，否则会打印不清，甚至会损坏打印头；校正时视纸的具体情况而定。

（7）工作中若打印机出现异常，应立即和计算机管理部门的人员联系，严禁自行拆卸维修。

（三）后备电源

后备电源即 UPS 电源用于断电后由电池直接向收银机供电。

1. 日常管理

（1）经常保持 UPS 电源外壳的清洁。

（2）严禁把 UPS 电源放在潮湿的地方，不要在 UPS 电源上及其周围放置任何物品。

（3）开启计算机设备之前应先开启 UPS 电源，而关闭 UPS 电源之前应先关闭计算机设备。

（4）当开启或使用中的 UPS 发出报警声及非正常声音时，须立即通知计算机管理部门人员。未经计算机管理部门人员许可，严禁以任何理由打开 UPS 电源进行检查。

2. 专业管理

（1）在带电的情况下不得搬动 UPS 电源或插拔 UPS 上的电源线。

（2）严禁在 UPS 电源上连接与计算机无关的设备，以防 UPS 超负荷运转。

（3）未经计算机管理部门人员许可，严禁以任何理由打开机壳。

（4）工作中的 UPS 一旦短路，须立即切断电源，并通知计算机管理部门值班人员到场处理。

三、常见故障及其排除方法

1. 收款机没有任何显示

使用收款机时突然没有任何显示,应首先检查电源插头是否被碰掉。如果电源连接完好,则有可能是主机板有故障,如由于瞬间电流过大造成主机板保险管烧断。有时由于异物掉入收款机内,也很容易造成收款机损坏。

2. 收款机显示混乱

收款机显示混乱一般是由于意外造成收款机内部程序混乱所致,需要由专业维护人员进行相应处理。

3. 收款机的打印机不打印

打印机部分不打印一般是由于打印机某部分被卡住,另外也可能是由于异常而造成收款机死机状态所致,需要根据具体现象进行判断并处理。有的类型收款机在打印机盖下装有压感开关,所以当打印机不打印时应首先检查机盖是否关好。另外,检查电源是否接上、指示灯是否亮、暂停灯是否亮,如没有,则应先接好电源,打开打印机电源,按下"暂停键"。

4. 收款机报警

收款机报警常见的故障有两个。一个是由于打印机内尘土、纸屑过多,挡住传感器,造成报警。这时应打开打印机盖,用吸尘器或吹风机清理打印机内部。另一个常见原因是有物品压在收款机键盘上,造成持续报警。

5. 收款箱卡住

收款员一般在每次交易后,将货币放在收款箱内,如果放置过多,超出收款箱的容纳量,就有可能造成卡住。尽管有时放置过多货币没有卡住,也容易造成货币落入箱中抽屉后面。所以当货币量较多时,应取出一部分另外存放。

6. 条码扫描器故障

当条码扫描器扫描后,信息会传给收款机,但由于各种意外,有可能造成无法正常传递。首先,连接扫描器和收款机的线路由于意外有可能被碰掉或接口松脱,从而造成彼此无法传递信息。其次,由于意外造成扫描器端口死住,不再进行数据传输。这种情况下,一般可以将扫描器电源断掉,再重新接通,对端口进行复位。最后,条码扫描器设置可能意外丢失,则需要重新设定扫描器后才能继续使用。

实训练习

在电子收款机上分别采用机器扫描和手工录入两种方式完成以下10件商品的前台收银工作。

商品条码	商品名称	数量	单位	单价
6935487984444	黄鹤楼白酒	20	瓶	15.00
6925448777776	屈臣氏面膜粉	8	袋	8.00
6915546833355	碧浪洗衣粉	10	袋	4.00

续表

商品条码	商品名称	数量	单位	单价
6906587989878	全棉毛巾	30	条	5.00
6912344679325	红富士牌床单	2	床	45.00
6903364875798	美丽牌床单	3	床	46.00
6925483333457	牛黄解毒丸	36	盒	4.00
6915487987546	感冒清	20	盒	6.00
9787804936851	哈利·波特	1	本	21.00
9769879464136	白雪公主	3	本	19.00

1．实训目的：

熟练操作前台收款。

2．实训内容：

（1）**参数设置**；

（2）前台当班；

（3）前台收款；

（4）前台交班。

3．实训步骤：

（1）进入前台系统；

（2）将钱箱、顾客显示屏及相关参数设置为"有"；

（3）打开钱箱并放入500元零钱（可自制代金券或以练功券充当）；

（4）进入前台当班，输入钱箱初始备用金金额500元；

（5）进入前台收款界面，练习各功能键的使用，完成10件商品的前台收银工作；

（6）商品装袋：帮助顾客将以上10件商品放入袋中；

（7）进入前台交班界面，办理交班。

4．实训要求：

（1）前台收银的操作一律**不得**使用鼠标。

（2）前台收款时，练习用扫描枪与用手录入条码两种方式。

（3）课前要准备好商品的条码或替代品。

项目六

票据与印鉴的管理

 实训目标

了解票据的基本概念,识别各种常用票据,掌握填制票据的基本要求和印鉴管理应注意的问题。

 实训内容

票据的概念和种类;票据的法律特征;票据的功能;票据丧失的补救;银行汇票、商业汇票、银行本票和支票的相关规定;票据签章;印鉴保管注意事项。

 实训用具

模拟银行汇票、商业汇票、支票等票据。

实训1　票据的识别与保管

一、票据概述

(一) 票据的概念和种类

票据的概念有广义和狭义之分。广义的票据包括各种有价证券和凭证,如股票、国库券、企业债券、发票、提单等;狭义的票据仅指《票据法》上规定的票据。

根据我国《票据法》的规定,票据是由出票人依法签发的、约定自己或者委托付款人在见票时或指定的日期向收款人或持票人无条件支付一定金额并可转让的有价证券。这里的"有价证券",是指设定并证明持券人有权取得一定财产权利的书面凭证。

在我国,票据包括汇票、本票和支票。汇票是出票人签发的,委托付款人在见票时或在指定日期无条件支付确定的金额给收款人或者持票人的票据。汇票分为银行汇票和商业汇票两种。本票即银行本票,是由出票人签发的、承诺自己在见票时,无条件支付确定的金额给收款人或者持票人的票据。支票是出票人签发的,委托办理支票存款业务的银行或其他金融机构在见票时,无条件支付确定的金额给收款人或者持票人的票据。

（二）票据的法律特征

（1）票据以支付一定金额为目的。支付票据金额是票据签发和转让的最终目的,票据上的权利与义务关系只有在票据金额得到全部支付后才归于消灭。

（2）票据是出票人依法签发的有价证券。法律依据不同的票据种类,规定了不同的形式,出票人必须依照法律规定的要求签发相关票据,否则不受法律的保护。

（3）票据所表示的权利与票据不可分离。票据权利的发生必须作成票据,票据权利的转移必须交付票据,票据权利的行使必须提示票据。权利与票据融为一体。

（4）票据所记载的金额由出票人自行支付或委托他人支付。由出票人委托他人支付的是汇票和支票,由出票人自行支付的是本票。

（5）票据的持票人只要向付款人提示付款,付款人即无条件向持票人或收款人支付票据金额。票据是一种无因证券,持票人只要向票据债务人提示票据就可行使票据权利,而不问票据取得的原因是否无效或有瑕疵。

（6）票据是一种可转让证券。我国《票据法》规定票据均为记名票据,必须通过背书转让或交付转让的方式予以流通转让。

（三）票据的功能

1. 支付功能

即票据可以充当支付工具,代替现金使用。对于当事人来讲,用票据支付可以消除现金携带的不便,克服点钞的麻烦,节省计算现金的时间。

2. 汇兑功能

即票据可以代替货币在不同地方之间运送,方便异地之间的支付。如果异地之间使用货币,需要运送或携带,不仅费事费力,而且也不安全,大额货币的运送更是如此。如果只拿着一张票据到异地支付,相对而言既安全又方便。

3. 信用功能

即票据当事人可以凭借自己的信誉,将未来才能获得的金钱作为现在的金钱来使用。

4. 结算功能

即债务抵销功能。简单的结算是互有债务的双方当事人各签发一张本票,待两张本票都到到期日即可以相互抵销债务。若有差额,由一方以现金支付。

5. 融资功能

即融通资金或调度资金。票据的融资功能是通过票据的贴现、转贴现和再贴现实现的。

（四）票据记载事项

票据记载事项,是指依法在票据上记载票据相关内容的行为。票据记载事项一般分为绝对记载事项、相对记载事项和非法定记载事项等。

1. 绝对记载事项

绝对记载事项,是指《票据法》明文规定必须记载的,如不记载,票据即为无效的事项。如表明票据种类的事项,必须记明"汇票""本票""支票",否则票据无效。

2. 相对记载事项

相对记载事项,是指《票据法》规定应该记载而未记载,适用法律的有关规定而不使票据失效的事项。如汇票上未记载付款日期的,为见票即付等,即属于相对记载事项。

3. 非法定记载事项

非法定记载事项，是指《票据法》不强制当事人必须记载而允许当事人自行选择，但是该记载事项不具有票据上的法律效力。法律规定以外的事项主要是指与票据的基础关系有关的事项，如签发票据的原因或用途、该票据项下交易的合同号码等。

（五）票据丧失的补救

票据丧失，是指票据因灭失、遗失、被盗等原因而使票据权利人脱离其对票据的占有。票据一旦丧失，票据的债权人不通过一定的方法就不能阻止债务人向拾获者履行义务，从而造成正当票据权利人经济上的损失。因此，需要进行票据丧失的补救。票据丧失后，可以采取挂失止付、公示催告、普通诉讼三种形式进行补救。

1. 挂失止付

挂失止付，是指失票人将丧失票据的情况通知付款人或代理付款人，由接受通知的付款人或代理付款人审查后暂停支付的一种方式。只有有确定付款人或代理付款人的票据丧失时，才可以进行挂失止付，具体包括已承兑的商业汇票、支票、填明"现金"字样和代理付款人的银行汇票以及填明"现金"字样的银行本票四种。挂失止付并不是票据丧失后应采取的必经措施，而只是一种暂时的预防措施，最终还要申请公示催告或提起普通诉讼。

2. 公示催告

公示催告，是指在票据丧失后由失票人向人民法院提出申请，请求人民法院以公告方式通知不确定的利害关系人限期申报权利，逾期未申报者，则权利失效，而由人民法院通过除权判决宣告所丧失的票据无效的一种制度或程序。根据《票据法》的规定，失票人应当在通知挂失止付后的3日内，也可以在票据丧失后，依法向人民法院申请公示催告，或者向人民法院提起诉讼。申请公示催告的主体必须是可以背书转让的票据的最后持票人，失票人不知道票据的下落，利害关系人不明确。

3. 普通诉讼

普通诉讼，是指以丧失票据的人为原告，以承兑人或出票人为被告，请求人民法院判决其向失票人付款的诉讼活动。如果与票据上的权利有利害关系的人是明确的，无须公示催告，可按一般的票据纠纷向人民法院提起诉讼。

二、银行汇票

（一）银行汇票的概念

银行汇票，是出票银行签发的，由其在见票时按照实际结算金额无条件支付给收款人或者持票人的票据。银行汇票的出票人，为经中国人民银行批准办理银行汇票业务的银行。银行汇票的出票银行为银行汇票的付款人。银行汇票式样如图 6-1-1、图 6-1-2 及图 6-1-3 所示。

图 6-1-1

银行汇票第二联背面：

图 6-1-2

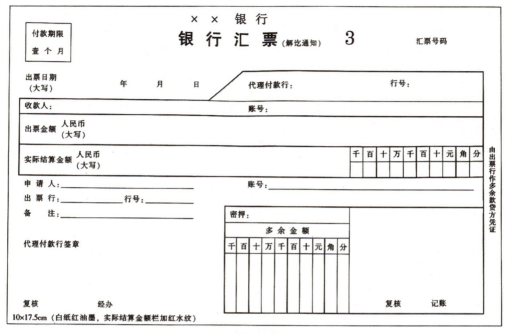

图 6-1-3

（二）银行汇票的使用范围

银行汇票一般由汇款人将款项交存当地银行，由银行签发给汇款人持往异地办理转账结算或支取现金。银行汇票可以用于转账，填明"现金"字样的银行汇票也可以用于支取现金。单位和个人在同城、异地或同一票据交换区域的各种款项结算，均可使用银行汇票。

银行汇票的出票和付款，全国范围限于中国人民银行和各商业银行参加"全国联行往来"的银行机构办理。跨系统银行签发的转账银行汇票的付款，应通过同城票据交换将银行汇票和解讫通知提交给同城的有关银行审核支付后抵用。代理付款人不得受理未在本行开立存款账户的持票人为单位直接提交的银行汇票。省、自治区、直辖市内和跨省、市的经济区域内银行汇票的出票和付款，按照有关规定办理。

银行汇票的代理付款人，是代理本系统出票银行或跨系统签约银行审核支付汇票款项的银行。

（三）银行汇票的记载事项

1. 银行汇票的绝对记载事项

根据《票据法》的规定，银行汇票的绝对记载事项包括七个方面的内容（如图 6-1-1 所示），如果银行汇票上未记载该七个方面事项之一的，该汇票无效：

（1）表明"银行汇票"的字样。这是指在票据上必须记载足以表明该票据是银行汇票的文字。如果没有该文字，"银行汇票"无效。

（2）无条件支付的承诺。这是汇票的支付文句，即须表明出票人委托付款人支付汇票金额是不附加任何条件的，换而言之，如果汇票附有条件，则汇票无效。

（3）出票金额。这是指汇票上记载的金额必须是确定的数额，如果汇票上记载的金额是不确定的，汇票将无效。在实践中，银行汇票记载的金额有汇票金额和实际结算金额。汇票金额,是指出票时汇票上应该记载的确定金额;实际结算金额,是指不超过汇票金额,而另外记载的具体结算的金额。汇票上记载有实际结算金额的,以实际结算金额为汇票金额。实际结算金额只能小于或等于汇票金额,未填明实际结算金额和多余金额或实际金额超过出票金额的,银行不予受理。

(4)付款人名称。付款人,是指出票人在汇票上记载的委托支付汇票金额的人。付款人是汇票的主债务人,如果汇票上未记载付款人的名称,收款人或者持票人将不知道向谁提示承兑或提示付款,因此,汇票上未记载付款人的,汇票则为无效。

(5)收款人名称。收款人,是指出票人在汇票上记载的受领汇票金额的最初票据权利人。

(6)出票日期。这是指出票人在汇票上记载的签发汇票的日期。出票日期在法律上具有重要的作用,即可以确定出票后定期付款汇票的付款日期、确定见票即付汇票的付款提示期限、确定见票后定期付款汇票的承兑提示期限、确定利息起算日、确定某些票据权利的时效期限、确定保证成立之日期、判定出票人于出票时的行为能力状态以及代理人的代理权限状态等。因此,如果汇票上不记载出票日期,这将不利于保护持票人的票据权利。

(7)出票人签章。这是指出票人按照票据法律制度的有关规定进行签章。

2. 银行汇票的相对记载事项

银行汇票的相对记载事项未在汇票上记载,并不影响汇票本身的效力,汇票仍然有效。未记载的事项可以通过法律的直接规定来补充确定。《票据法》规定的这一内容包括:

(1)付款日期。这是指支付汇票金额的日期。汇票上未记载付款日期的,为见票即付。

(2)付款地。这是指汇票金额的支付地点。汇票上未记载付款地的,付款人的营业场所、住所或者经常居住地为付款地。

(3)出票地。这是指出票人签发票据的地点。汇票上未记载出票地的,出票人的营业场所、住所或者经常居住地为出票地。

(四)银行汇票的提示付款期限

汇票的付款日期可以按照下列形式之一记载:

(1)见票即付;
(2)定日付款;
(3)出票后定期付款;
(4)见票后定期付款。

银行汇票属于见票即付的汇票,自出票日起一个月内向付款人提示付款。持票人超过付款期限提示付款的,代理付款人不予受理。

三、商业汇票

(一)商业汇票的概念和种类

商业汇票是出票人签发的,委托付款人在指定日期无条件支付确定的金额给收款人或者持票人的票据。

商业汇票按承兑人的不同,分为商业承兑汇票和银行承兑汇票。商业承兑汇票由银行以外的付款人承兑,银行承兑汇票由银行承兑。商业汇票的付款人为承兑人,其付款地为承兑人所在地。

（二）商业汇票的使用范围

商业汇票适用于在银行开立存款账户的法人以及其他组织之间具有真实的交易关系或债权债务关系的款项结算。

（三）商业汇票的记载事项

签发商业汇票必须记载下列事项：表明"商业承兑汇票"或"银行承兑汇票"的字样；无条件支付的委托；确定的金额；付款人名称；收款人名称；出票日期；出票人签章。欠缺记载上述事项之一的，商业汇票无效。

（四）商业汇票的付款期限和提示付款期限

商业汇票的付款期限，最长不得超过6个月。商业汇票的提示付款期限，自汇票到期日起10日。持票人超过提示付款期限提示付款的，持票人开户银行不予受理。

四、银行本票

（一）银行本票的概念和种类

银行本票是银行签发的，承诺自己在见票时无条件支付确定的金额给收款人或者持票人的票据。银行本票的代理付款人是代理出票银行审核支付本票款项的银行。

银行本票分为定额本票和不定额本票两种。定额银行本票面额为1 000元、5 000元、1万元和5万元。

（二）银行本票的使用范围

单位和个人在同一票据交换区域需要支付各种款项，均可以使用银行本票。银行本票可以用于转账，注明"现金"字样的银行本票可以用于支取现金。

（三）银行本票的记载事项

1. 签发银行本票必须记载的事项

表明"银行本票"的字样；无条件支付的承诺；确定的金额；收款人的名称；出票日期；出票人签章。欠缺记载上列六项内容之一的，银行本票无效。

2. 银行本票的相对记载事项

（1）付款地。本票上未记载付款地的，出票人的营业场所为付款地。

（2）出票地。本票上未记载出票地的，出票人的营业场所为出票地。

（四）银行本票的提示付款期限

银行本票的提示付款期限自出票日起最长不得超过2个月。持票人超过付款期限提示付款的，代理付款人不予受理。

五、支票

（一）支票的概念和种类

支票是出票人签发的，委托办理支票存款业务的银行在见票时无条件支付确定的金额给收款人或者持票人的票据。支票的基本当事人为出票人、付款人和收款人。支票的出票人，为在经中国人民银行当地分支行批准办理支票业务的银行机构开立可以使用支票的存款账户的单位和个人；付款人是出票人的开户银行；持票人是票面上填明的收款人，也可以是经背书转让的背书人。出票人可以在支票上记载自己为收款人。

支票按支付票款的方式不同,分为现金支票、转账支票和普通支票,具体样式如图 6-1-4、图 6-1-5 所示。现金支票只能用于支取现金,不能用于转账;转账支票只能用于转账,不能支取现金;普通支票可以用于支取现金,也可以用于转账。在普通支票左上角划两条平行线的,为划线支票,划线支票只能用于转账,不得支取现金。

(二) 支票的使用范围

单位和个人在同一票据交换区域的各种款项结算,均可以使用支票。转账支票在同一票据交换区域内可以背书转让,现金支票不得背书转让。

(三) 支票记载事项

签发支票必须记载下列事项:表明"支票"的字样;无条件支付的委托;确定的金额;付款人名称;出票日期;出票人签章。支票上未记载上述事项之一的,支票无效。

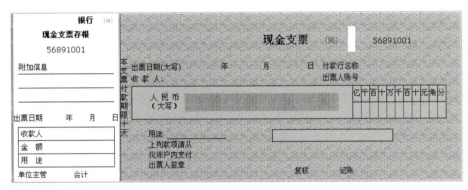

图 6-1-4

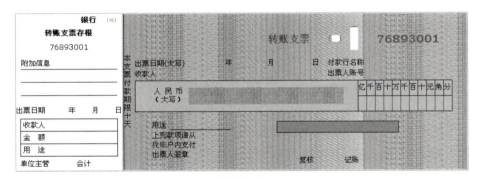

图 6-1-5

实训 2　印鉴保管和使用

一、印鉴保管

财务负责人全面监督财务印章的保管和使用。财务印鉴章统一由公司行政部门按照国家印章管理规定在公安部门指定的地方刻制。公司财务印鉴章包括：财务专用章、法人私章（如图6-2-1所示）。

图6-2-1

财务专用章及法人章按照规定要专人分别保管。印鉴章由保管人妥善保管并负责使用，不得转借他人使用。持有公司印鉴章的财务人员离职或调离原工作岗位时，必须将办理归还印章手续作为移交工作的一部分。

二、财务印章的使用

（1）建立印章使用登记制度，除正常的开立账户、支付款项、资金往来等业务使用财务印鉴章外，其他情况的使用均要求在登记本上记录。财务人员私章按照规定在编制、审核凭证，记账、结账，编制报表，纳税申报时使用。

（2）财务印章原则上不许带出公司，确因工作需要将印章带出使用的，应按照印章登记规定载明事项，由财务负责人批准后由两人以上共同携带使用。

（3）印鉴保管人应对支付票据及原始凭证进行审核，经核对无误后方可盖章。若在审核过程中对支付票据及原始凭证有异议的，不予盖章。

三、印鉴管理责任

（1）印章登记表作为用印凭据由印章保管人留存，定期整理后交档案管理人员作为财务档案存档。

（2）涉及法律等重要事项需要使用财务印鉴章的，须按有关规定经公司法律顾问审核签字后盖章。

（3）财务印鉴保管人必须妥善保管印鉴章，正确使用印鉴章，对于违反规定使用了印鉴章的，保管人承担相应的责任；财务印鉴章如有遗失，必须及时向财务负责人和公司总裁报告，以便及时更换银行预留印鉴，保证公司的资金安全。

（4）财务人员私章遗失，应及时报告财务负责人，新刻的私章印模应报财务中心备案，以明确责任。

 **实训练习**

1. 14日，企业向银行申请开具银行汇票一张，金额500 000元，用于货款的支付，购买天宇有限公司的原材料。天宇有限公司开户行：建设银行新桥分理处，账号：223457666（银行汇票申请书）。

中国工商银行　　　　　　业务委托书

委托日期　　　　年　月　日　　　　　苏 A00999524				
银行打印				第一联 记账联
客户填写	业务类型 Type	□电汇　□信汇　□汇票申请书 □本票申请书　□其他	汇款方式	□普通□加急
	委托人	全　称 账号或地址 开户行名称 开户银行　　　　省　　市	收款人	全　称 账号或地址 开户行名称 开户银行　　　省　市 亿千百十万千百十元角分
	金额(大写)人民币			
	支付密码 加急汇款签字 用　途		上列款项及相关费用请从我账户内支付。	
	附加信息及用途：		委托人签章	

事后监督　　　　会计主管　　　　复核　　　　记账

2. 15 日,企业向银行申请开具银行本票一张,金额 320 000 元,购买九重天有限公司的原材料。九重天有限公司开户行：建设银行湖塘分理处,账号：223454576（银行本票申请书）。

中国工商银行　　　　　　业务委托书

委托日期　　　　年　月　日　　　　　苏 A00999724				
银行打印				第一联 记账联
客户填写	业务类型 Type	□电汇　□信汇　□汇票申请书 □本票申请书　□其他	汇款方式	□普通□加急
	委托人	全　称 账号或地址 开户行名称 开户银行　　　　省　　市	收款人	全　称 账号或地址 开户行名称 开户银行　　　省　市 亿千百十万千百十元角分
	金额(大写)人民币			
	支付密码 加急汇款签字 用　途		上列款项及相关费用请从我账户内支付。	
	附加信息及用途：		委托人签章	

事后监督　　　　会计主管　　　　复核　　　　记账

项目六 票据与印鉴的管理

3. 9日,企业开出现金支票从银行提取现金3 000元备用(现金支票)。

| 中国工商银行
现金支票存根
$\frac{EF}{02}$ 03687426
附加信息

出票日期: 年 月 日
收款人:
金　额:
用　途:
单位主管　会计 | 中国工商银行　现金支票(苏)　$\frac{EF}{02}$03687426
出票日期(大写)　年　月　日　付款行名称:
收款人　　　　　　　　　　　出票人账号:
人民币　亿千百十万千百十元角分
(大写)
用　途:_____　密码区
上列款项请从
我账户内支付
出票人签章　　　　复核　　　记账 |

4. 12日,企业从本市黄河公司购入甲材料30 000元,增值税为5 100元,开出转账支票35 100元支付货款。黄河公司的开户银行是常州市农行怀德桥分理处,账号:261100576888(转账支票)。

| 中国工商银行
转账支票存根
$\frac{EF}{02}$ 05687826
附加信息

出票日期: 年 月 日
收款人:
金　额:
用　途:
单位主管　会计 | 中国工商银行　转账支票(苏)　$\frac{EF}{02}$05687826
出票日期(大写)　年　月　日　付款行名称:
收款人　　　　　　　　　　　出票人账号:
人民币　亿千百十万千百十元角分
(大写)
用　途:_____　密码区
上列款项请从
我账户内支付
出票人签章　　　　复核　　　记账 |

参 考 文 献

1. 姚珑珑. 计算技术. 大连：东北财经大学出版社, 2006.
2. 李海波. 现代珠算. 北京：中国金融出版社, 2004.
3. 姚克贤. 珠算教程. 大连：东北财经大学出版社, 2004.
4. 李侠, 盛永志. 计算技术与财经技能. 大连：大连理工大学出版社, 2008.
5. 何素花. 会计基础与技能. 北京：机械工业出版社, 2008.
6. 李永芬. 收银实务：2 版. 北京：中国财政经济出版社, 2010.
7. 周建亚, 张德秀. 收银员. 武汉：湖北科学技术出版社, 2009.
8. 滕宝红, 李建华. 收银人员技能手册. 北京：人民邮电出版社, 2009.
9. http://www.docin.com/p-21133858.html